数学令人如此着迷

（生活篇）

总主编　慕振亮
本册主编　张蓝木　周本圣

电子工业出版社
Publishing House of Electronics Industry
北京·BEIJING

总 主 编	慕振亮				
本册主编	张蓝木	周本圣			
本册编写人员	闫彩侠	常亭芳	张俊祥	孔丹丹	孙伟伟	傅佳涵

未经许可，不得以任何方式复制或抄袭本书之部分或全部内容。
版权所有，侵权必究。

图书在版编目（CIP）数据

数学令人如此着迷．生活篇 / 慕振亮总主编；张蓝木，周本圣主编．-- 北京：电子工业出版社，2024．6．
ISBN 978-7-121-48134-5

Ⅰ．G634.603

中国国家版本馆CIP数据核字第2024W9B423号

责任编辑：葛卉婷 邓峰
印　　刷：北京宝隆世纪印刷有限公司
装　　订：北京宝隆世纪印刷有限公司
出版发行：电子工业出版社
　　　　　北京市海淀区万寿路173信箱　邮编：100036
开　　本：787×1092　1/16　印张：7　字数：134.4千字
版　　次：2024年6月第1版
印　　次：2024年6月第1次印刷
定　　价：39.80元

凡所购买电子工业出版社图书有缺损问题，请向购买书店调换。若书店售缺，请与本社发行部联系，联系及邮购电话：（010）88254888，88258888。
质量投诉请发邮件至zlts@phei.com.cn，盗版侵权举报请发邮件至dnqq@phei.com.cn。
本书咨询联系方式：（010）88254596，geht@phei.com.cn。

目 录

为什么我不是双眼皮 ……1

爸爸说我是七尺男儿 ……5

垃圾去哪儿了 ……8

学校农场真有趣 ……11

视力 2.0 与 5.0 哪个更好 ……15

小鸡满山坡，数数有几多 ……19

不是固体，也不是液体 ……23

校服里的秘密 ……26

黑白琴键，音乐密码 ……30

吉他声中的秘密 ……33

A4 纸里隐藏着什么秘密 ……37

三角形的钻头能钻出正方形的孔 ……40

不是雪花，胜似雪花 ……43

听，蟋蟀在唱歌 ……47

气球，怎么不飞了 ……49

竞争与合作：该不该降价	……52
天空为何如此多变	……55
为什么大多数的树干都是圆柱形的	……59
路灯，照亮我们回家的路	……63
交通中的绿波带，不是绿化带	……68
导航也能帮你一起防晒	……72
为什么轿车的前挡风玻璃是斜的	……76
不同的轮子走相同的路	……80
请注意右转大货车	……85
取件码的奥秘	……90
给我一张纸，带你去火星	……93
玩到地老天荒的汉诺塔	……97
剪三角形，你可能比不过古人	……101
手机拍屏幕，为什么忽闪忽闪的	……105

为什么我不是双眼皮

俗话说得好,"龙生龙,凤生凤,老鼠的儿子会打洞"。除此之外,我们还知道山羊生羊羔,母鸡孵小鸡等。地球上的生物繁衍后代时会遵循一定的遗传规律,使子代(儿女)与亲代(父母)有相似或相同的特征。但是,有些人的爸爸妈妈都是双眼皮,而自己却是单眼皮,这是什么原因呢?让我们来一探究竟吧。

在生物界中，每种生物都有一套独属于自己的遗传信息，遗传信息决定了亲代和子代之间具有很多相似甚至相同的特征，这种控制生物特征的遗传信息叫作基因。有意思的是，基因在生物体内是成对存在的，每一对基因相对独立。生物繁衍过程中，在产生配子（生殖细胞）时，控制生物性状的成对的基因就会分离，各自带着"遗传信息"进入不同的配子中，完成遗传使命。

现在让我们从基因的角度来说说单、双眼皮的事，帮你解开"为什么我不是双眼皮"的疑惑。其实，双眼皮的遗传是由显性基因主导的，单眼皮的遗传是由隐性基因主导的。什么意思呢？我们分别以字母 A 和 a 代表显性基因和隐性基因。基因配对后表现单、双眼皮的情况有三种：AA 表现为双眼皮，Aa 表现为双眼皮，aa 表现为单眼皮。我们以最复杂的基因配对情况为例，即父母双方的基因都是 Aa 型，在形成配子的过程中，便会出现如下表所示的遗传情况。

亲代	父亲		母亲	
性状	双眼皮		双眼皮	
基因	Aa		Aa	
生殖细胞	A	a	A	a
子代基因	AA	Aa	Aa	aa
子代性状	双眼皮	双眼皮	双眼皮	单眼皮
概率	$\frac{1}{4}$	$\frac{1}{4}$	$\frac{1}{4}$	$\frac{1}{4}$

你是不是一眼就看出来了，在父母都是双眼皮杂合体（Aa）的情况下，子女大概率也会是双眼皮，但是子女是单眼皮的情况也是有可能出现的，只是可能性较小，只有 $\frac{1}{4}$ 的概率。以此类推，当父母的基因型分别为 AA 和 AA、AA 和 Aa、AA 和 aa、Aa 和 aa、aa 和 aa 时，子女会出现哪几种遗传情况呢？

参考上表动手画一画吧，将父母双方的基因搭配好，你就成功解密啦！

其实，无论是单眼皮，还是双眼皮，只是在观感上稍有差异，从健康和保护眼睛的角度上来说，它们是没有任何差别的。单双眼皮除了受到遗传因素的影响，有时也会受到体型、年龄、环境等因素的影响。比如，有的人瘦的时候双眼皮很明显，长胖之后双眼皮变得不明显了；还有的人小时候是单眼皮，长大后变成了双眼皮。另外还有父母都是单眼皮，而子女却是双眼皮；还有一个人一只单眼皮，一只双眼皮的现象，要理解这一点，就需要大家去学习掌握一个全新的知识——变异。这里所指的变异可不是变坏的意思哦，而是指亲代与子代之间除具有相似的特征及性状之外，同时还会存在一定差异化的现象。遗传和变异是新物种形成和生物进化的基础，缺一不可。那么，我们身上还有哪些特征是遗传自爸爸妈妈的呢？这些疑问就交给你去慢慢探索吧！

知识链接

遗传：遗传是指亲代将自身的遗传信息传递给下一代，使得子代表现出与亲代相似的性状或特征的现象。

双眼皮：指在上眼睑处有一浅沟，当睁眼时此沟以下的皮肤上移，而此沟上方皮肤则相对松弛，在重睑处悬垂向下折，即形成双眼皮。

基因：决定生物遗传特征，具有复杂结构的化学物质。

爸爸说我是七尺男儿

每当我遇到困难或受到委屈的时候，爸爸总会说，堂堂七尺男儿，理应能屈能伸。可是字典的附录里明明写了一米约等于三尺（一尺≈0.33米），七尺男儿岂不是比中国篮球运动员姚明还要高！难道是爸爸欺负小孩子不懂？如果不是，他为什么要说我是七尺男儿呢？

"七尺男儿"的说法可以追溯到《荀子·劝学篇》的"曷足以美七尺之躯哉？"在古代，人们十分看重身材，高大强壮的男子通常代表勇气和力量。比如，诸葛亮"身长八尺，容貌甚伟"；关羽"身长九尺，髯长二尺"。据传商朝以前如果男子身高达到十尺，也就是一丈，则被称为"丈夫"（现在常说的男子汉大"丈夫"以及女子的配偶"丈夫"都是由此引申而来的）。这是不是说明古人要比今人高得多呢？其实不然，真实情况是古代的一尺比现代的一尺短很多。

在《康熙字典》中我们了解了"尺"字的字形演变过程，如下图所示。

时代	一尺约合厘米数
战国	23.1 cm
秦	23.2 cm
西汉	23.1 cm
三国	24.2 cm
晋	24.2 cm
南北朝	南朝 24.5 cm; 北朝 24.6 cm（前期） 30.1 cm（后期）
隋	29.5 cm
唐	30 cm
宋	31.2 cm
元	35 cm
明	34.25 cm
清	32 cm
民国	33.3 cm

仔细观察我们会发现，"尺"字就像一个人用手测量物体长度时，拇指和其余四指张开的形状。这里拇指与中指的跨度也就是我们通常所说的"一拃"的距离，最早，人们把一拃叫作一尺。后来由于朝代更替、度量工具粗糙、信息传递不畅等原因，长度单位的标准不断变化，不同时代的一尺的长度如左表所示。

提出"七尺之躯"的荀子身处战国时期，按一尺大约为 23.1 cm 计算，"七尺男儿"的身高约为 161.7 cm；"身长八尺"的诸葛亮是三国时期的人，身高约为 193.6 cm，即使在现代，他也属于身材高大的男性；"身长九尺"的关羽和诸葛亮是同一时期的人,身高约为 217.8 cm,站在人群中可谓是鹤立鸡群,难怪他能过五关斩六将;而《西游记》中的孙悟空身高"不满四尺",按明朝时期一尺的长度计算不到 137 cm,确实挺符合一般猴子的身高。

中国古代的长度单位其实远比文中介绍的要复杂。先秦时期出现过咫、寻等非十进制的长度单位。汉朝出现了分、寸、尺、丈、引等十进制长度单位。像"咫尺"一词中的两个字均为长度单位。现在,人们为了方便和标准化,通常使用国际统一的长度单位——米。

知识链接

1 引 = 10 丈,1 丈 = 10 尺,1 尺 = 10 寸,1 寸 = 10 分

垃圾去哪儿了

一提到垃圾，很多人就会认为垃圾是"无用之物"，其实，垃圾可没有想象中的那么糟糕，如果将其合理利用，垃圾还可变"废"为"宝"，可以说"垃圾是放错了地方的资源"。每天清晨，环卫工人就会将人们分类好的垃圾运走，让我们的生活环境变得干净。那么生活中那么多的垃圾都运到哪儿去了呢？垃圾又是怎样被变"废"为"宝"的呢？

按照来源和性质分类，垃圾的种类有很多，生活垃圾只是其中一种，对于生活垃圾的处理，目前常用的方式有四种：填埋、焚烧、堆肥和分类回收。在这四种方式中，焚烧处理是我国主要的垃圾处理方式之一，它不仅处理速度快、污染物排放少，而且产生的热能可以被回收用于发

电或供热。垃圾焚烧处理具有无害化、资源化和减量化的优势，是其他处理方式无法比拟的，所以垃圾焚烧处理是目前大力提倡的垃圾处理方式。以我国为例，目前我国每天焚烧垃圾总量高达 87 万吨！城镇生活垃圾焚烧处理量已经达到总量的 65% 左右，并且这个数字还在逐年增长。

垃圾焚烧的发电情况怎么样呢？目前我国焚烧 1 吨垃圾产生电量的平均值为 372 千瓦·时，像这样每吨垃圾能够产生的电量被称为"吨发电量"。用吨发电量 372 乘每天焚烧垃圾的吨数，再乘 365 天，就可以计算出全国一年通过焚烧生活垃圾产生的电量（列式计算：372×870000×365=118128600000 千瓦·时），结果为 118128600000 千瓦·时。

垃圾焚烧不光可以发电，在降低碳排放方面也功不可没。可以预见，垃圾焚烧发电必将在未来发挥重要作用。最近几年，我国垃圾焚烧发电工厂的吨发电量和产能都在逐年增加，但是对比一些发达国家的吨发电量已经达到 600 千瓦·时的水平，我们还有较大的提升空间。

生活垃圾科学分类是提升吨发电量的一个重要因素，它能提高垃圾焚烧发电的效率。我们能够做的便是将垃圾正确分类投放，这样我们便为国家科技发展、经济发展作出了贡献哦！

知识链接

1 度电 =1 千瓦·时

千瓦·时（符号：kW·h，常简称为度）是一个能量计量单位，表示一个功率为 1 千瓦的电器使用 1 小时所消耗的能量。

学校农场真有趣

如今学校越来越重视学生的劳动教育,为此很多学校还开辟了学校农场。学生们也对"种瓜得瓜,种豆得豆"的农场充满兴趣。那么,根据农场的地理位置,如何安排种植才能最大程度地发挥土地的价值呢?在种植瓜果蔬菜时,怎么规划种植密度才科学合理呢?数学家和"农民伯伯"给出了答案。

学校农场种什么这件事，时刻牵动着学生们的心，毕竟"萝卜白菜各有所爱"嘛。其实，农场里到底种什么，不光要迎合学生们的喜好，还要考虑农场的地理位置和瓜果蔬菜的特性。在瓜果蔬菜的特性方面，有的瓜果蔬菜喜阳，有的喜阴。喜阳的有玉米、茄子、南瓜、西瓜、西红柿、向日葵等，它们需要有充足的光照，果实才能长得好。而叶类蔬菜对光照要求则相对低一些，如生菜、芹菜、菠菜、空心菜、茼蒿等。总体来看，大多数瓜果蔬菜是喜阳的，这类瓜果蔬菜无论怎样精心照料都不能弥补日照不足带来的缺陷，所以一般情况下农场都会选择建在阳光充足的地方。

如果你的学校也有农场，那可以先考察一下农场的地理位置，看看农场所在地阳光是否充足，再根据瓜果蔬菜喜阳、喜阴的特性，向学校提出科学合理的种植建议。

确定好种植的种类以后，在实际种植过程中，还需要考虑植物行距和株距。什么是行距和株距呢？如下图所示，行距是指相邻两行植株之间的距离，株距是指同一行内相邻两株植物之间的距离。一般情况下，在种植过程中常会采取株距小、行距大的方式，这种种植方式既能保证植物获得充足的阳光，管理起来也方便。

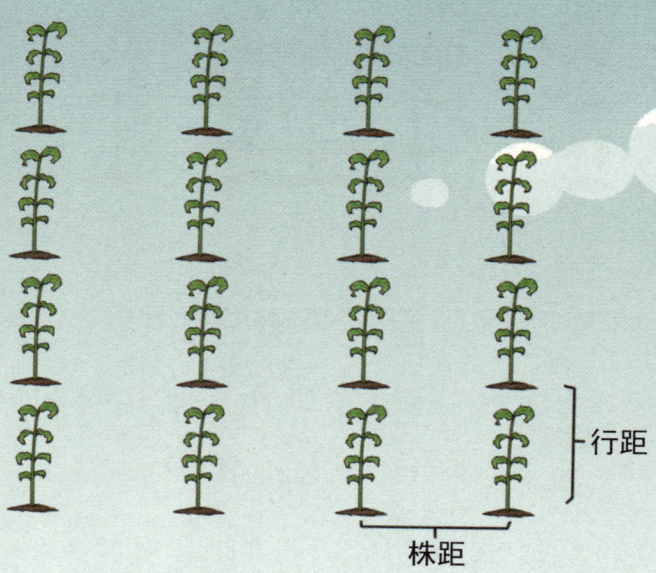

行距和株距的大小会影响到植物最终的产量。如果播种的行距和株距过小，植株之间就会争水分、争养分，导致植株不能很好地生长，同时田间的通风性和透光性也会减弱，增加了病虫害的发生概率，中后期还容易出现植株倒伏现象，产量便会受影响。如果播种的行距和株距过大，虽然植株之间不争水分，也不争养分，通风性和透光性也比较好，单个植株的长势也必定不错，但由于植株总数量减少，因此也会对最终的产量造成一定的影响，如下图所示。看来密植和稀植都不是好的选择。那么如何确定行距与株距，才能使植株种植密度适中呢？这可没有统一的"标准答案"，要考验我们的"务农"水平——根据农场的土壤肥力，以及栽种的品种特性、产量水平等因素，来确定合理的种植密度。

低产　　　　　低产　　　　　高产

根据种植密度就可以计算出一块地的种植株数。如果是规则的长方形地块，其算式为株数=[（地长÷株距）+1]×[（地宽÷行距）+1]。例如，有一个长30 m，宽20 m的地块，按等行行距60 cm、株距30 cm来种植玉米，将数值代入算式，计算得知此地块大约可种3468株玉米，算式中为什么会有"+1"呢，这可就涉及数学中的植树问题了。

当然，农场里可不是只能种玉米，任何瓜果蔬菜都可以种植。在搭配种植时，如何结合当地的气候特征、土壤特征选择合适的种类，如何安排行距、株距，都蕴含着许多学问。

知识链接

植树问题中两端都种树的情况下，棵数=（距离÷间隔）+1

视力 2.0 与 5.0 哪个更好

有的人为自己的视力是 2.0 感到骄傲,也有的人为自己的视力是 5.0 感到自豪,那么视力 2.0 和 5.0 到底哪个更好呢?数值怎么会差别这么大呢?想要弄清楚这个问题,首先要从了解视力开始。视力即视觉分辨力,是指眼睛所能够分辨的外界两个物点间最小视角的能力。这句话好像有点难以理解,不着急,看完本文你就理解啦!

进行视力检测时,一般大夫会在距你 5 m 远的地方放一张"标准对数视力表",仔细观察,你会发现表上有 14 行开口方向不一的"E"字

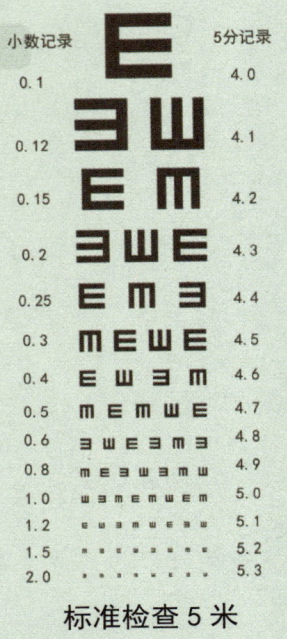

标准检查 5 米

图标，图标自上而下排列，越来越小，且每行个数逐渐增加。"标准对数视力表"的两侧分别有一列数据，其中"5分记录"列为规则的等差数列 4.0，4.1，4.2，…，5.3。"小数记录"列却为不规则的数列 0.1，0.12，0.15，0.2，0.25，0.3，0.4，0.5，0.6，0.8，1.0，1.2，1.5，2.0，如左图所示。如果你的视力检测结果是：双眼裸眼视力均为 2.0，恭喜你，你的视力超棒哦！那么，"标准对数视力表"的设计中有多少"数学内核"呢？

首先，我们来了解两个简单的概念——视标、视角。视标就是测定视力用的各种文字、数字、图形等。例如，那些大大小小方向不一的"E"就是视标啦！值得注意的是，它可是正方形的哦。标准的视标形状采用三画等长的正方形"E"字视标，其每一笔画或空隙的宽度均为外围正方形边长的五分之一，如右图所示。

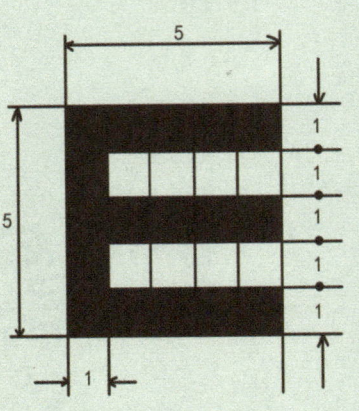

选取视标的某一笔画在同一垂线上的上、下两点，这两点在标准检查距离 $d=5$ m 的眼结点 N 处所形成的夹角就是视角，用 α 表示（单位：分），如下图所示。

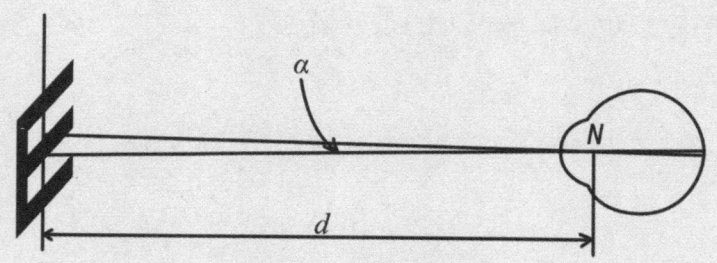

医学实验证明，视力可以通过眼睛的最小视角来衡量，每个人眼睛的最小视角都是不一样的，最小视角越小，说明视力越好。正常情况下，眼睛距"标准对数视力表"5 m 处的最小视角是 1 分，所以规定此时的 V（视力）为标准视力，即 V=1.0。这样的话，如果要设计图表来检测视力，只需要设计合适的视标，使其在规定距离的结点处产生不同的视角就可以了，据此就产生了"国际标准小数视力表"。

后来，我国著名眼科专家缪天荣又在"国际标准小数视力表"的基础上做了改进，使用"5 分记录法"得到了"标准对数视力表"。现在你应该能够看出视力 2.0 和视力 5.0 其实是一个用"小数记录"的结果，一个用"5 分记录"的结果。

青少年阶段是用眼高峰时期。在这个时期，定期做眼保健操，保持良好的读写姿势是非常重要的。避免在走路、吃饭、卧床、坐车、光线昏暗和阳光直射的情况下看书或使用电子产品。户外活动是最为有效的护眼方法之一，青少年每天户外活动时间应不少于 2 小时。营养均衡和保证充足的睡眠也是保护视力的重要措施。

知识链接

周角为 360 度

1 分 = $\frac{1}{60}$ 度

小鸡满山坡，数数有几多

你知道地球上什么鸟数量最多吗？目前，在地球上已知的鸟类中数量排名前四的分别是麻雀约 16 亿只，欧洲椋鸟约 13 亿只，环嘴鸥约 12 亿只，谷仓燕子约 11 亿只。这些数据是如何得到的呢？鸟类是不可以像人口普查一样普查的。为了让数据真实可信，科学家们想到的方法非常巧妙！

我们先来思考这样一个问题：在一个盒子里装有 10 枚黑棋和 20 枚白棋，棋子除颜色外其他特征都一样，随机取一枚棋子记录下颜色后再放回盒子摇匀，如此重复 300 次，你觉得黑棋、白棋会分别被取出多少次？

结论：黑棋大约被取出 100 次，白棋大约被取出 200 次。这其实是一个概率问题，10 枚黑棋占棋子总数的三分之一，那么每次黑棋被取出的概率就是三分之一。这个结论完全可以由实验来证明，你可以试试哦！

通过实验，科学家们想到了一种利用求概率的逆向思维来解决如何计算动物数量的问题。海洋和陆地上的许多生物都是群居的，如海豚、海狮、金丝猴、狒狒、小鸡等，靠数数统计它们的数量是不现实的，而使用概率的方法进行统计则带来了很大的便利。举个例子，现在需要我们估算在一个农场的山坡上到处乱跑的小鸡的数量。我们先在山坡上随机捕捉 40 只小鸡（记作 M），将它们标记后放回，一周后，我们再到山坡上用同样的方法捕捉 80 只小鸡（记作 n）。假如在新捕捉的小鸡中，只有 16 只（记作 m）是有标记的，那么就可以估算出山坡上小鸡的数量了（记作 N），其算式为 $N = n \times (M \div m)$，将数值代入算式，计算得知山坡上大约有 200 只小鸡。其中的道理是，标记总数是二次捕捉中标记数的几倍，那么小鸡的总只数就是二次捕捉只数的几倍。这种方法叫作

"标记重捕法",操作流程如下图所示。

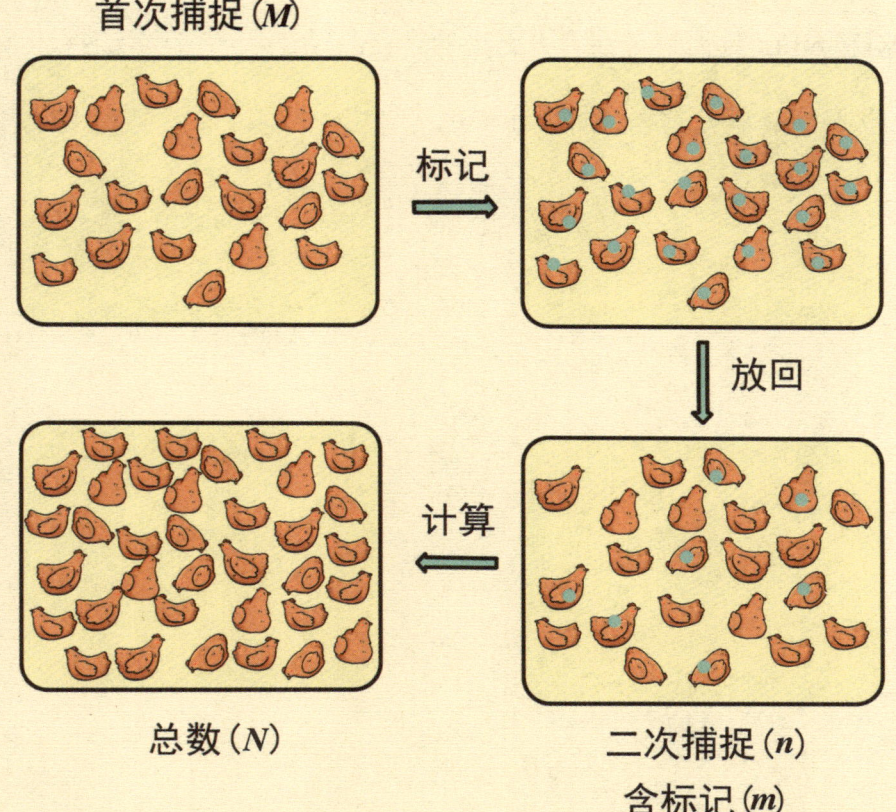

利用"标记重捕法",人们可以估算池塘里有多少条鱼、多少只龙虾,草原上有多少只野兔、多少匹斑马、多少只梅花鹿,空中有多少只鸟……当然,由于动物的运动特性不同,这种方法统计的数量难免会出现误差,所以需要进行多次试验,然后取它们的平均值,这样就更加科学合理啦!

人们在调查鸟类数量的过程中,又发明了样线法和样点法。其中样线法不受季节的限制，且调查方法灵活多样，所以样线法已经成为生物多样性调查的一种主流方法。更有科学家利用新的概率模型，结合计算机建模和 eBird 数据集来准确预测鸟的飞行路径，从而估算鸟的数量，比如 16 亿只麻雀就是这样"算"出来的。

知识链接

概率：表示某件事发生的可能性大小。一定发生用 1 表示，不可能发生用 0 表示，任何事件发生的概率都大于等于 0，小于等于 1。

样线法：指观察者按照一定的速度沿样线（在研究区域内设定一个或多个预定的直线）进行调查，收集数据。

样点法：指观察者在研究区域内选定特定位置（样点）进行数据收集。

不是固体，也不是液体

你见过玉米淀粉糊吗？如果你见过，相信你一定对它非常好奇，因为它非常奇特！把它放在盆子里，如果快速摇动盆子，它一动不动，像固体；如果你慢慢摇动盆子，它就显得很听话，跟着你的节奏慢慢流动起来，又像是液体。那它到底是什么体呢？

其实，像玉米淀粉糊这样看上去既像固体又像液体的物质叫作流体，而玉米淀粉糊属于流体中的"非牛顿流体"。什么是"非牛顿流体"？难道还有"牛顿流体"？我们先来看看下面这两杯流体，显然，左边杯子里的流体比右边杯子里的流体黏度要低。

两种不同黏度的流体自由落体时，在相同的时间内，黏度高的流体连续性强，变形小，有一种"拉丝"的感觉，如蜂蜜就是这样的流体，黏度较高不

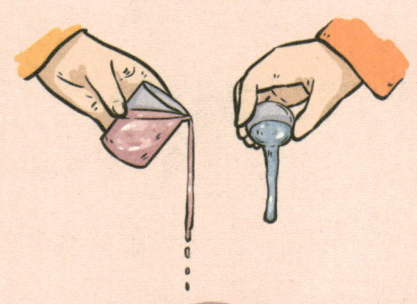

容易流动；而黏度低的流体则连续性较差，很容易产生分离，如水的黏度较低，水不但容易流动，水落到地上还容易溅出水花。这些现象的产生其实是黏滞力在起作用，黏滞力是流体内部不同层面在相对运动时遇到的摩擦阻力。为了研究该阻力的性质，1687年伟大的科学家牛顿做了一项关于流体流动的实验。这个实验很有意思，他将流体放在两块大的面积相等的平板之间，在实验过程中，下面的平板保持静止，上面的平板以恒定速度向右移动，如下图所示。

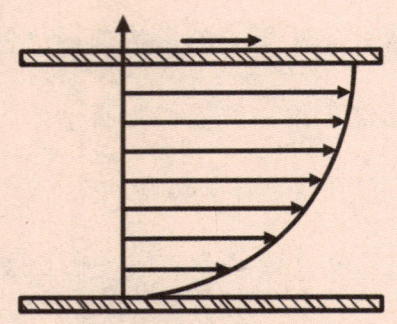

实验结果表明，流体向右移动的速度分布呈现一定的规律，由此牛顿给出了牛顿内摩擦定律。后来，人们将满足牛顿内摩擦定律的流体称为牛顿流体，如水、汽油、空气等；将不满足牛顿内摩擦定律的流体称为非牛顿流体，如石油、牙膏、泥石流等。当然，玉米淀粉糊也因其特性被称为非牛顿流体啦！

看到这里，你是不是也想摸一下"非牛顿流体"玉米淀粉糊？要制作这种流体，你只需在水盆中按照1∶3的比例加入水和玉米淀粉，然后把它们搅拌均匀。那么想要得到800 g的"非牛顿流体"玉米淀粉糊，该用多少克的水和玉米淀粉呢？我们可以把800 g看作（1+3）份，那么1份就是200 g，所以需要水200 g，玉米淀粉600 g［列式：800÷（1+3）=200 g，200×1=200 g，200×3=600 g］；当然，也可以用比例关系来求解，即利用水和玉米淀粉1∶3的比例解决问题［解：设需要水x克，则需要玉米淀粉（800-x）g。x∶（800-x）=1∶3，x=200，800-200=600 g］。

非牛顿流体具有遇强则强，遇弱则弱的特点。比如，当你用力击打"非牛顿流体"时，流体表面会变得非常坚硬，给你的感觉就像在捶打一面墙；而当你把一根玻璃棒放入其中时，你会发现刚才还如墙壁般坚硬的"非牛顿流体"，居然会缓缓地将玻璃棒吞没，此时的它就像流沙一样柔软。根据它的这种特点，人们把它应用在了防弹衣上，制作成了"非牛顿流体"防弹衣。与普通的防弹衣相比，这种防弹衣既舒适，又具有良好的防弹性能。

知识链接

表示两个比相等的式子叫作比例，如1∶2=2∶4

校服里的秘密

从一个小小的蚕茧里抽出来的蚕丝长度可达 1500 m，从一个大大的石榴里剥出的籽数可达 1200 个。那么一件校服的面积有多大？编织校服的纱线拉直后有多长呢？这其中可藏着许多数学知识呢！让我们用巧妙的数学方法来揭示校服里藏着的诸多秘密吧！

如果让你来测量并计算一件校服（以长袖上衣为例）的面积，你会怎么办？你是不是会想到可以把衣服裁成一块一块的，先测量再计算呢？这是个办法，但不是个好办法，因为这样做，衣服就不能穿了！其实，裁剪工程师通过实践，早就总结出了长袖上衣面积的计算方法：

全身用量 = 大身用量 + 袖子用量

大身用量（前后片面积）= 胸片 1 片的面积 ×2 = 衣长 × $\frac{1}{2}$ 胸围 ×2；

袖子用量（2个袖子的面积）=1个袖子面积×2＝半个袖子面积×2×2＝袖长×$\frac{1}{2}$袖笼×2×2。

在以上算法中，我们需要了解衣长、胸围、袖长、袖笼几个关键词。这里的衣长是指从肩顶垂直量到衣服下摆的长度，胸围是指胸部一圈的长度，袖长是指从肩点量到袖口的长度，而袖笼则是指上坎部位（衣服身子和袖子连接的那一圈）一圈的长度，如下图所示。

如果一名六年级学生的校服衣长（上衣）62 cm、胸围 84 cm、袖长 44 cm、袖笼 44 cm，那么这件衣服的总面积计算方法如下：

$$62 \times \frac{1}{2} \times 84 \times 2 + 44 \times \frac{1}{2} \times 44 \times 2 \times 2 = 9080\ (cm^2)$$

当然，以上算法是有弊端的，比如计算带褶皱或形状不规整的衣服的面积时误差比较大。那么有更加精确的计算方法吗？当然有，就是曹冲称象所用的"替代法"，把面积"称"出来。我们取一块与衣服材质相同的面料，最好形状是规则的，以便于测量面积。随后，我们先计算出面料的面积，再用高精度的电子秤，分别称出面料和衣服的质量，计算方法如下：

衣服的面积 = 衣服的质量 ÷ 面料的质量 × 面料的面积

"称"出来的面积更加精确。

衣服的面料是用纱线织出来的，那么如果把一件校服里的纱线拉直有多长呢？首先我们需要了解什么叫作纱支密度，它是指每平方英寸面料中排列的经纱和纬纱的根数，也就是在我们买衣服时，经常听到的面料的支数，一般用"经纱数 × 纬纱数"表示。

面料的支数越高，面料就越紧密，耐用性越好。常见的面料的几种纱支密度有 110×90，128×68，65×78，133×73，说明这些面料每平方英寸经纱分别为 110 根、128 根、65 根、133 根；纬纱分别为 90 根、68

根、78 根、73 根。比如这位六年级学生的校服，如果面料的纱支密度为 133×73，则所用纱线总长度是经纬根数相加，先算出一平方英寸内所用纱线长度，再乘平方英寸数，最后乘 2.54 cm。综合算式如下：

（133+73）×（9080÷6.4516）×2.54=736409 cm ≈ 7364 m

这样的长度大约可以绕 400 m 跑道 18 圈呢！现在你可以计算一下，把你校服的纱线拉直后，长度大概是你家到学校的几个来回。

类似校服这样的秘密还有很多，比如，把一张渔网的网线拉直后有多长？把一本书里的汉字并排排列起来，又有多长？在这些有趣的问题里，其实都包含了面积与长度的关系。

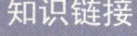

知识链接

1 两 = 0.05 千克

1 英寸 = 2.54 厘米

1 平方英寸 = 6.4516 平方厘米

黑白琴键，音乐密码

你听过浪漫的《爱之梦》，活泼的《土耳其进行曲》，悲伤的《月光奏鸣曲》吗？这些都是著名的钢琴曲。钢琴虽然只有黑、白两种颜色的琴键，却能演奏出不同风格的乐曲，钢琴中隐藏着怎样的奥秘呢？

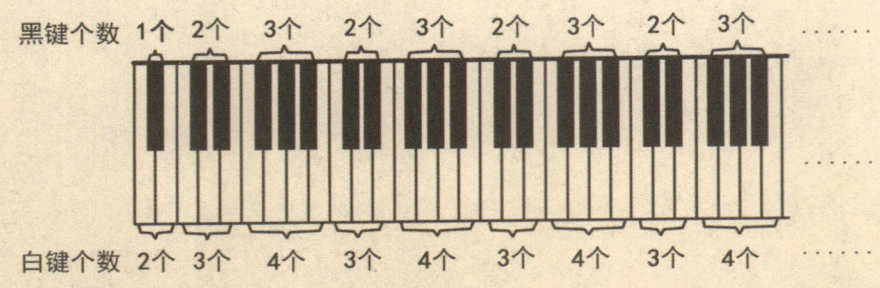

钢琴的琴键虽然只有两种颜色，但是数量却不少呢。如果你一个一个地数，不一会儿就晕头转向了，我们仔细观察，可以发现钢琴琴键的排列是有规律的，白键是按照2个、3个、4个、3个、4个……3个、4个、1个排列的，其中按照"3个、4个"这样规律排列的有7组，列综合算式计算，（3+4）×7+2+1=52（个），一下就算出来一共有52个白键啦！

黑键是按照1个、2个、3个、2个、3个……排列的,其中按照"2个、3个"这样规律排列的也有7组,列综合算式计算,(2+3)×7+1=36(个),原来一共有36个黑键呢!计算后得知一架钢琴共有52+36=88(个)琴键。找到规律,我们就能快速、准确地算出琴键的个数啦!另外钢琴的琴键就像我们对班级分组一样,它们也有自己的小组,可以分为低音区、中音区和高音区。

低音区包括大字二组、大字一组和大字组,中音区包括小字组、小字一组和小字二组,高音区包括小字三组、小字四组和小字五组,如下图所示。仔细观察这些琴键,你还有什么发现呢?

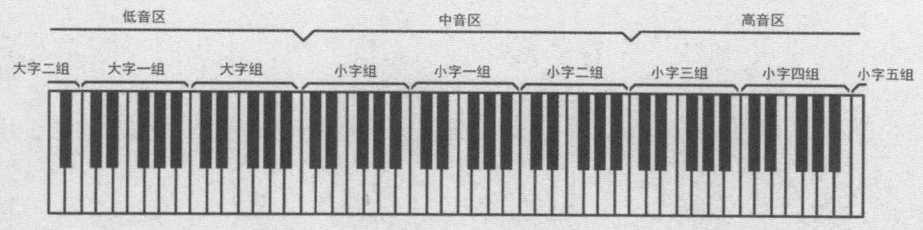

在钢琴上从中央"C"到"c"一共有13个琴键(8个白键和5个黑键),其中5个黑键是按照2个、3个的规律排列的。如果你还发现这里的2、3、5、8、13是著名的斐波那契数列的一部分,那么你就太了不起啦!斐波

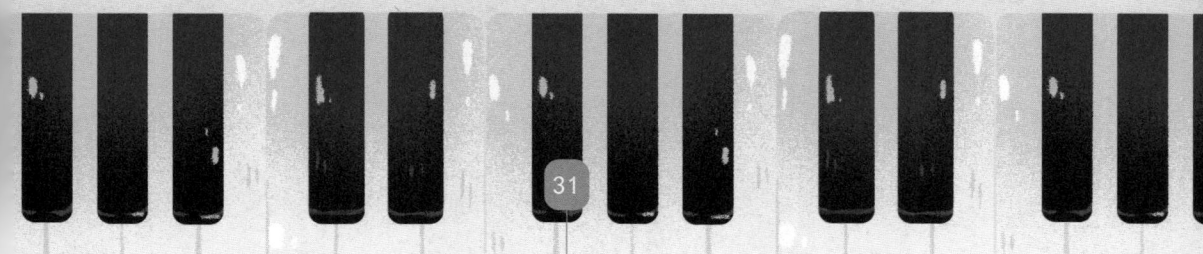

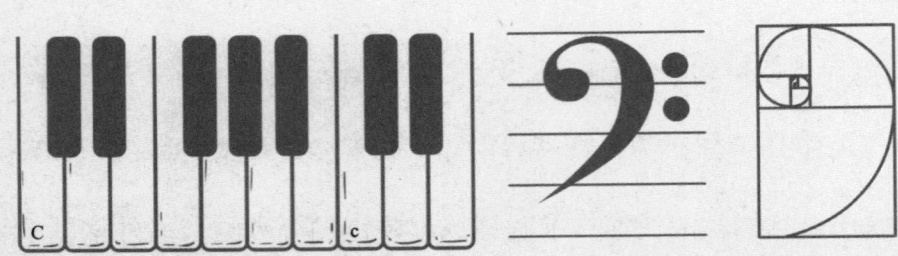

那契数列是数学家莱昂纳多·斐波那契发现的一个数列：1，1，2，3，5，8，13，21，…，也就是从第三个数开始，之后的每个数等于它前面两个数之和。还有钢琴中的低音谱号就是斐波那契数列螺旋线呢，如上图所示。

毕达哥拉斯说："音乐之所以神圣而崇高，就是因为它反映出作为宇宙本质的数的关系。"其实不仅钢琴琴键和数学有着奇妙的关联，音乐的乐理知识也和数学有着紧密的联系。接下来，让我们一起来看看音符"小精灵"与分数擦出了怎样的火花吧！乐谱中的全音符通常唱4拍，如果把全音符看作单位"1"，那么二分音符就是全音符的二分之一，唱的拍数就是2拍（4÷2=2）；四分音符就是全音符的四分之一，唱的拍数就是1拍（4÷4=1）。原来优美的音乐中还藏着数学知识呢！

知识链接

数学家莱昂纳多·斐波那契以兔子繁殖为例引入了斐波那契数列，斐波那契数列又称黄金分割数列或兔子数列。1，1，2，3，5，8，13，21，…，这个数列从第3项开始，每一项都等于前两项之和。

吉他声中的秘密

"1 1 5 5 | 6 6 5 - | 4 4 3 3 | 2 2 1 - "听着吉他美妙的弹奏声,你是否已经不自觉地唱了起来,"一闪一闪亮晶晶,满天都是小星星。"美妙的音乐总能使人愉悦,可是你是否想过,吉他是如何弹奏出这些美妙音乐的呢?

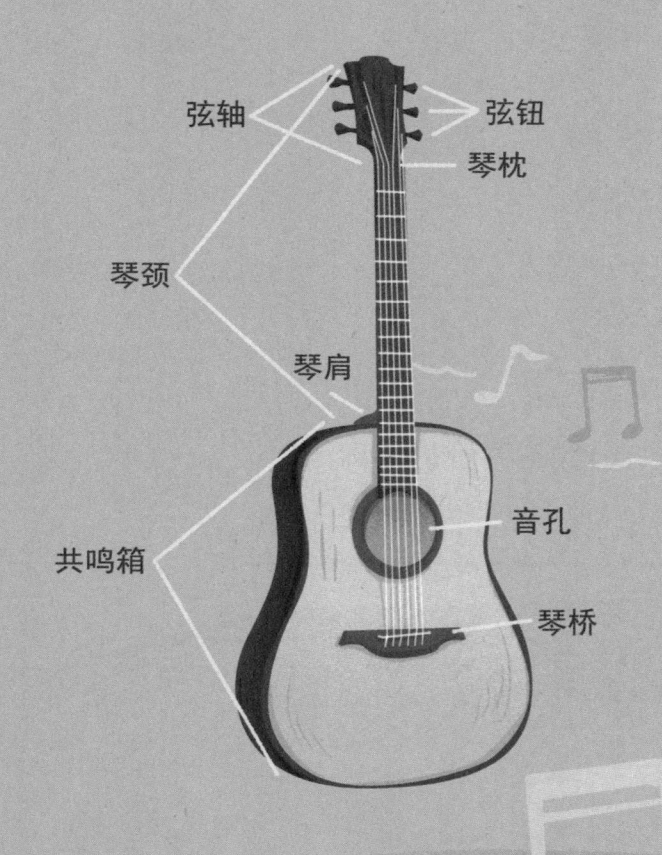

吉他与古筝、琵琶一样,都属于弦乐器。弦乐器的声音始于拨动琴弦产生的振动,随后这些振动被木质琴身承接,琴身成为振动的传声筒激活了琴身内外的空气分子,这些空气分子仿佛被惊扰的"小蜜蜂",在"蜂窝"中忽聚忽散,形成了规律

的波动,进而孕育出声波。这些声波通过吉他的音孔飘入我们的耳朵里。

单丝不成线,光有声音可不能称为音乐。人们通过对声音的不断研究,发现一个音和另一个频率是其两倍的音之间的音程具有特殊的和谐性,便将这种音定义为一个八度音程。人们又按照波长比例将这个八度音程平均分成十二等份,一等份定义为一个半音,于是就形成了十二平均律。

十二平均律是16世纪明太祖朱元璋的第九世孙朱载堉利用珠算开方的方法得到的。在那个连机械波都没发现的年代,这是一项非常了不起的成就!后来十二平均律的原理被人们应用在各种乐器上。

具体可以这样理解:吉他的琴弦可以充分振动的范围是从琴枕到琴桥的距离,此段称为有效弦长。有效弦长越长,琴弦振动频率就越低,发出的声音就越低;反之有效弦长越短,琴弦振动频率就越高,发出的声音就越高,基于此,通过调节有效弦长的距离,吉他即可发出高低不同的声音。

有效弦长: 琴枕到琴桥的距离

假设吉他的有效弦长为 a，频率为 f，那么它高八度的音的频率是 $2f$，根据弦长与频率成反比的原理，我们很容易找到这个高八度的音的位置在有效弦长的中点，即 $\frac{1}{2}a$ 处（$2f : f = a : \frac{1}{2}a = 2$）。

琴枕到12品的距离必须等于12品到琴桥的距离

琴桥　　　　　12品　　　　　琴枕

根据十二平均律的原则，把吉他指板琴枕到弦长中点之间按照波长比例平均分成 12 等份，每隔一个半音设置一个品格。每相邻两个半音之间的频率之比都是 2 的 $\frac{1}{12}$ 次方（约等于 1.06）。依然根据弦长与频率成反比的原理，假设有效弦长为 a，它的频率为 f，比它高一个半音的频率就是 $1.06 \times f$，这个频率的弦长即一品位置的弦长 $a_1 = \frac{a}{1.06}$。（$1.06f : f = a : a_1 = 1.06$，则 $a_1 = \frac{a}{1.06}$）这样我们就找到了吉他第一个半音即第一品品丝的位置了，它在距离琴桥 $\frac{a}{1.06}$ 的位置。以此类推，每一个品格对应的弦长都是琴弦剩余长度除以 1.06，这样保证了每升一品，音高恰好升高一个半音，品格间距由此确定下来。

与吉他一样，许多有品类弦乐器都是利用相似的原理来制作的，如竖琴、琵琶、尤克里里等。我们在了解了乐器的发声原理后，便能够更好地理解和掌握这门乐器的演奏技巧，从而创造出优美的音乐！

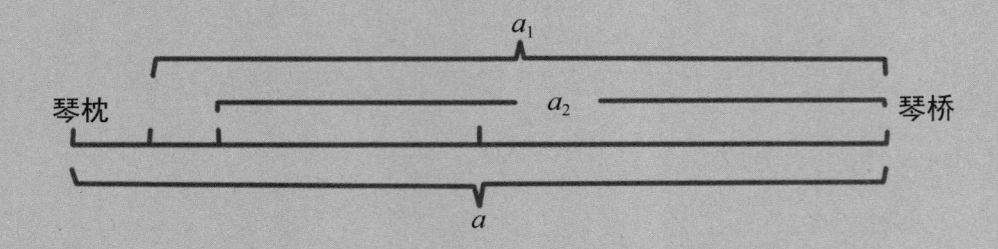

琴枕　　　　　　　　　　a_1　　　　　　　　　　琴桥
　　　　　　　　　　　　a_2
　　　　　　　　　　　　a

知识链接

反比例关系：$xy=k$，x 和 y 表示两种相关的量，k 表示它们的积一定。

A4 纸里隐藏着什么秘密

我们知道纸张的尺寸非常多。在众多尺寸中，A4 纸绝对是 C 位中的 C 位，是人们学习工作中最常使用的纸张尺寸。你知道它为什么被叫作 A4 纸吗？它的名字中又藏着什么样的秘密呢？今天我们一起来认识这个熟悉而又陌生的朋友。

A4 纸有很多兄弟姐妹，有 A0、A1、A2、A3、A5、A6 纸等。这些纸的命名，大概是源于"一切从零开始"的理念。排行最前的是 A0 纸，随后依次是 A1、A2、A3、A4、A5、A6 纸等。此处的规律为：数字越大，纸张尺寸反而越小。A0、A1、A2、A3、A4 纸等，统称为 A 系列纸。

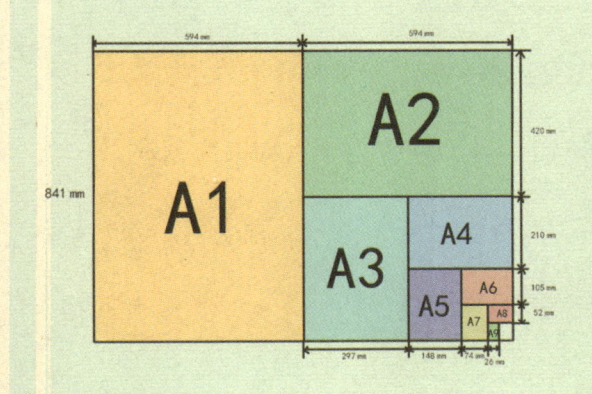

左图便是 A 系列纸的样子，这些纸虽然大小不同，但它们的形状很相似。让我们通过一组数据来分析一下它们之间的关系。

纸的类型	长 /mm	宽 /mm	长：宽（近似值）	面积 /mm²
A0	1189	841	1.4138：1	999949
A1	841	594	1.4158：1	499554
A2	594	420	1.4143：1	249480
A3	420	297	1.4141：1	124740
A4	297	210	1.4143：1	62370
A5	210	148	1.4189：1	31080
…	…	…	…	…

小一号纸的长恰好是相邻大一号纸的宽，小一号纸的宽大约是相邻大一号纸长的一半。如果把 A0 纸对折 1 次，裁开以后，就能得到两张 A1 纸，也就是 A1 纸是 A0 纸的一半。以此类推，把 A0 纸对折 4 次之后就得到了我们常见的 A4 纸。

是不是任意一张长方形纸通过对折后，都能得到两个和原来长方形一样形状的长方形呢？其实，只有长宽比满足特定比例的长方形才可以做到。我们假设 A0 纸的长边为 x，短边为 1，对折后得到 A1 纸的长边为 1，短边为 $\frac{1}{2}x$，根据图形的放大和缩小规律，则会有 $x:1=1:\frac{1}{2}x$，根据比例的基本性质内项之积等于外项之积，则有 $\frac{1}{2}x^2=1$，解方程得，$x=\sqrt{2}\approx 1.414$。

所以，只要把一张长方形纸的长宽比设置为 1.414：1，无论对折几次，均可以得到和原始纸张形状相同的长方形，这会给生产带来很多便利。比如把绘制在 A4 纸上的内容，按比例放大或缩小印在其他 A 系列的纸张上，整个画面依然会十分和谐。

一张看起来普普通通的 A4 纸，竟然隐藏着这么多数学奥秘。其实，世间万物的背后有很多规律，希望读了这篇文章后的你，将来也能用思考的眼光去看待生活中的现象。

知识链接

1. 图形的放大和缩小中的规律：放大（缩小）前图形对应边的长度之比等于放大（缩小）后对应边长度之比。

2. 解比例：如果 $a:b=c:d$，则 $ad=bc$，在比例中内项之积等于外项之积。

三角形的钻头能钻出正方形的孔

意大利诗人但丁曾说过:"圆是最美的图形。"我们知道用圆形的钻头可以很方便地钻出圆形的孔。那么你知道用三角形的钻头可以钻出正方形的孔吗?让我们来揭开这个神奇的三角形钻头的面纱,一探究竟吧!

你知道人们把汽车轮胎设计成圆形的原因吗?那是因为圆的半径相等,只要将车轴固定在圆心上,车轴与地面的距离便能维持恒定,从而车辆在行驶过程中乘客不会感到颠簸。古时候,人们还会通过滚动横截面为圆形的大木棒来运输重物,以达到省时、省力的目的。

勒洛是德国著名的机械工程专家以及机构运动学的创始人。他发现了一种可以代替圆的特殊形状——"勒洛三角形"。这是一种看起来像三角形,却具有圆的性质的图形。

勒洛三角形实际上是一种特殊的定宽曲线几何图形,定宽曲线是指在平面上具有特定宽度的曲线,特点是其宽度(两边界之间的最短距离)在任何方向上都是常数。圆形和勒洛三角形都是这种类型的曲线,如下图所示。

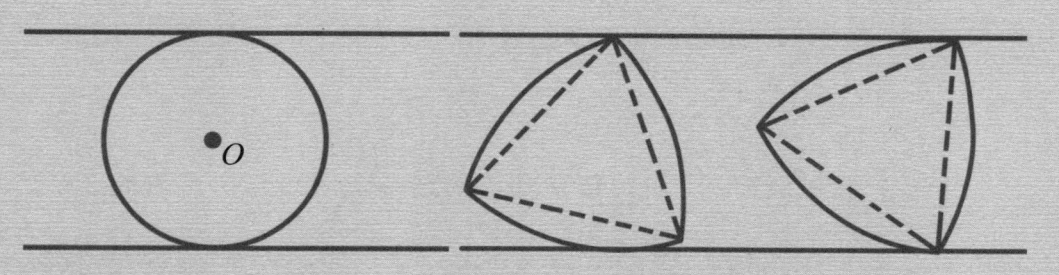

那用三角形的钻头钻出正方形的孔的奥秘到底是什么呢？首先，我们选择一个宽度与正方形边长相等的勒洛三角形钻头，在钻头旋转的过程中，同时有四个点与正方形的四条边接触，且接触点的位置会根据钻头旋转持续变化，这样就能钻出近似正方形的孔了，如下图所示。

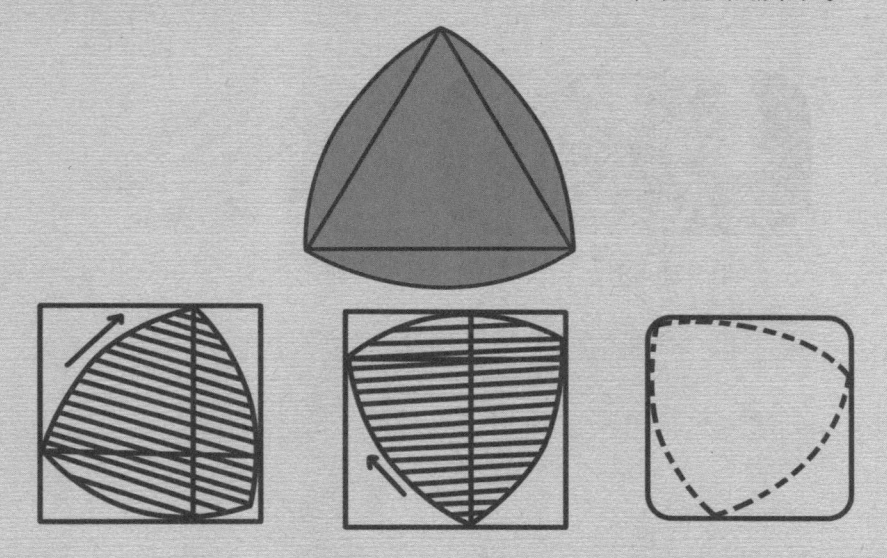

勒洛三角形的神奇之处当然不止于此。又如一个圆形的扫地机器人，假设它的直径为1，把它放在一个边长为1的正方形中，通过公式可计算出，它扫到的面积大约是 $S=\pi r^2 \approx 3.14 \times 0.5 \times 0.5 = 0.785$。如果扫地机器人是勒洛三角形的，那么它扫到的面积约达到

0.9877，比圆形扫地机器人大约多扫25.8%的面积〔（0.9877-0.785）÷0.785×100%≈25.8%〕。

勒洛三角形还被应用在汽车发动机的转子上。马自达著名的RX-8的转子发动机中便使用了勒洛三角形结构，转子发动机通过将汽缸划分成三个燃烧室来实现转子自转一周，每个燃烧室分别完成一次吸气、压缩、燃烧、排气四冲程循环。相较于一般的圆形轴发动机，每转两周才完成一次四冲程循环，大大提升了发动机的效率，同时也减轻了发动机的重量。

在日常生活中，有些铅笔也应用了勒洛三角形的结构，如下图所示。

我们写字时，通常是三根手指拿笔，勒洛三角形每边的弧线都能紧密接触一根手指，从而使我们更好地控制笔，因此幼儿专用铅笔，截面大多采用勒洛三角形结构。

知识链接

圆的面积 $S = \pi r^2$

不是雪花，胜似雪花

冬天，一片片轻盈的雪花从空中缓缓飘落。这时，一片小小的雪花落在树上，树上仿佛开出了晶莹剔透的花朵。仔细观察雪花，你会发现所有的雪花都像是六角形。在数学中也有一种雪花形状的曲线——"科赫雪花"，它是瑞典数学家科赫在1904年首次提出来的，它和雪花是不是有着异曲同工之妙呢？

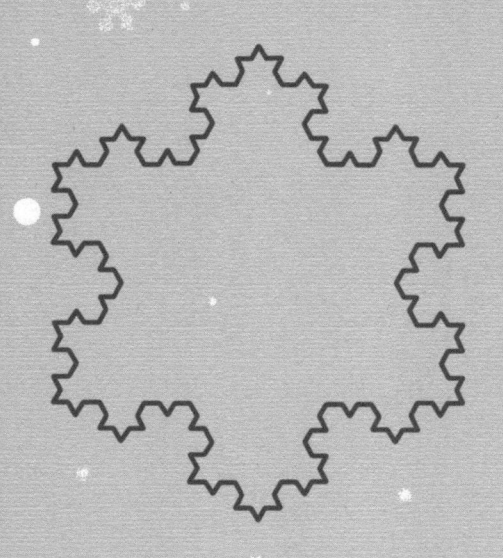

将一个正三角形的每条边平均分成3份，以每条边中间的一条线段为底边，画出大小完全一样的3个小正三角形，便得到一个六角形。再将六角形的每条边平均分成3份，以每条边中间的一条线段为底边，画出大小完全一样的12个小正三角形，不断重复上述步骤……使得图形的边线变得越来越复杂、细致，形状也越来越接近雪花，这就是"科赫雪花"。同学们想不想自己动手做一个科赫雪花呀？让我们一起当一次数学家，跟着图片的步骤，动手画一画吧！

第一步：画一个边长为 3 cm 的正三角形。

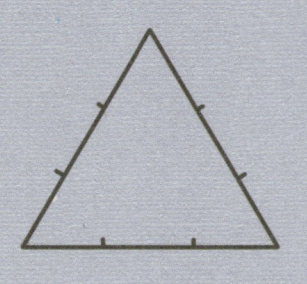

第二步：将正三角形的每条边平均分成 3 份。

第三步：分别以每条边的中间一份为底边，画正三角形，擦除红色线段。

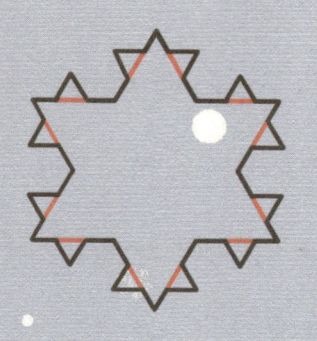

第四步：重复以上操作，在六角形的每条边上画正三角形，同样擦除红色线段。我们就可以得到一个科赫雪花的简单图形啦！

观察下图，前3个图形的边数变化是有规律的。第1个图形有3条边，第2个图形有12条边，第3个图形有48条边，你能推算出第4个图形的边数吗？对，就是192条边。我们知道了科赫雪花边数的特点，它的周长和面积又有什么特点呢？

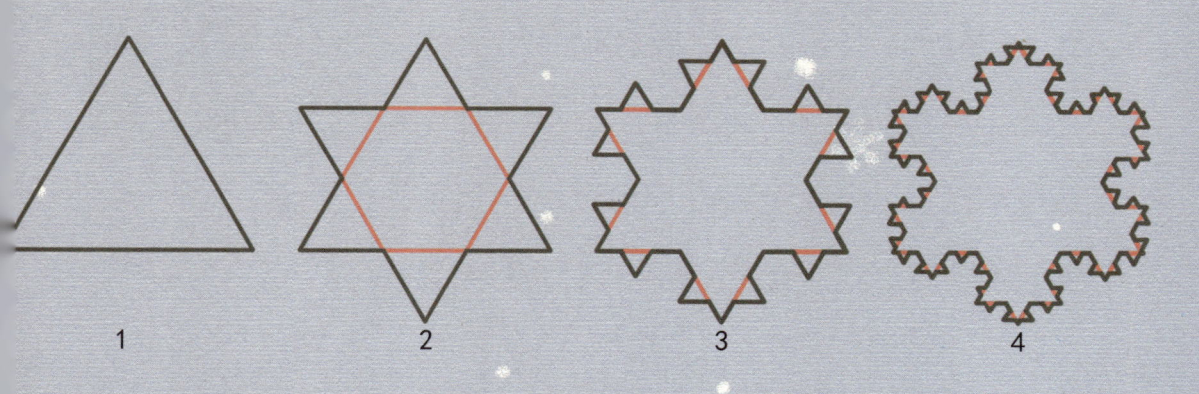

在数学中，一个封闭图形一周边线的长度就是它的周长，内部区域的大小就是它的面积。随着图形的不断变换，"雪花"的边线变得越来越错综复杂，如果无限次变换下去，"雪花"的周长会无限长，甚至可以超过地球赤道的长度！但是不管怎么变换，图形都只是在原始等边三角形的外接圆内变换，因此科赫

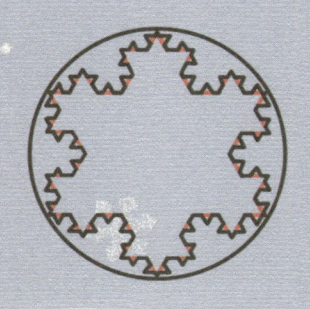

雪花的面积不会超过原始等边三角形外接圆的面积。

如果用放大镜仔细观察科赫雪花，你会发现，它的每一部分都与其整体惊人地相似，其实这就是我们数学中美丽的分形几何的特点。"谢尔宾斯基三角形"也是非常著名的分形之一。分形几何被誉为"大自然的几何学"，因为自然界中存在着许多美丽的分形，比如云朵、雪花、树枝、海岸线、细胞等都有分形特性。中国著名学者周海中教授认为："分形几何不仅展示了数学之美，也揭示了世界的本质，还改变了人们理解自然奥秘的方式。"分形无处不在，让我们以数学的思维去研究和探索，并且深入地认识我们的大自然吧！

谢尔宾斯基三角形

知识链接

分形是指具有以非整数维形式充填空间的形态特征。通常被定义为"一个粗糙或零碎的几何形状，可以分成数个部分，且每一部分都（至少近似地）是整体缩小后的形状"，即具有自相似的性质。

听，蟋蟀在唱歌

蟋蟀，不仅是优秀的"建筑师"，为自己建造安全、舒适的住宅，而且具有很高的音乐天分，是名副其实的"歌唱家"！炎炎夏日，我们经常能听到蟋蟀的歌声，忽高忽低、忽远忽近的"唧唧"声，俨然成了夏天的标配。可是，你知道吗，这声音里却藏着大学问呢！

我们先猜猜看，是不是所有的蟋蟀都会唱歌呢？答案是否定的，其实，只有雄性蟋蟀才会唱歌。蟋蟀的发声机制很独特，和我们人类用口腔发声的方式不同，蟋蟀的歌声是位于翅膀上的"摩擦器"发出的。当蟋蟀想要一展"歌喉"的时候，它只需要将自己的翅膀稍稍抬起，与地面呈45度角，然后用一个翅膀在另一个翅膀上快速滑动，就会发出"唧唧"的声音。如果你仔细聆听蟋蟀的叫声，一定会有更多发现。夏天的夜晚，蟋蟀的叫声非常急促,而冬天的夜晚,叫声则会缓和许多,这是什么原因呢?其实,早在1897年,美国物理学家埃米尔·多贝尔就发现了蟋蟀的鸣叫次数与气温变化之间存在着一定的联系(即多贝尔定律),并首次提出利用雪树蟋蟀叫声估算气温的公式。这个公式受到了人们的广泛认可,公式是这样的:(蟋蟀每分钟鸣叫的次数－40)÷7+10 = 当地的温度(℃)。比如,一只雪树蟋蟀在一分钟内鸣叫了61次,根据多贝尔定律可以得出当地的气温为13 ℃。

当然,多贝尔定律在应用的过程中有一定的温度范围限制,一般温度在7℃ ~ 32 ℃,定律是准确的。这是由于当气温降到7 ℃以下时,蟋蟀会由于行动迟缓而减少甚至停止鸣叫;而当气温升到32 ℃以上时,蟋蟀会通过大幅减少鸣叫次数来节省能量。

为什么蟋蟀的鸣叫次数和温度之间会有联系呢?是因为蟋蟀和大部分昆虫一样,都属于变温动物,它们的体温与外界环境温度基本保持一致。蟋蟀正是通过改变鸣叫的次数,去适应外界温度的变化。可见,蟋蟀用歌声来适应环境的行为,是智慧的体现。因此,我们必须再赋予它一个响亮的称号——"天才气温师"。

知识链接

多贝尔定律:$T = (N - 40) \div 7 + 10$。

其中,T 代表摄氏温度,N 代表蟋蟀每分钟鸣叫的次数。

气球，怎么不飞了

"砰"的一声，气球瞬间爆炸，彩带随之四散飞舞，五彩缤纷的气球可以为节日增添热闹的气氛。还有一种巨大的气球——热气球，可以载着人们飞向几千米的高空，让人们在高空中俯瞰城市和大地。广场上老爷爷卖的气球，稍不留神就会飞向天空，为什么我们自己在家里吹的气球没办法飞起来呢？

我们首先要了解一下密度的知识：密度是对特定体积内的质量的度量，物体密度等于物体的质量除以体积。当气球内部气体的密度小于空气的密度时，气球就可以飞起来啦！

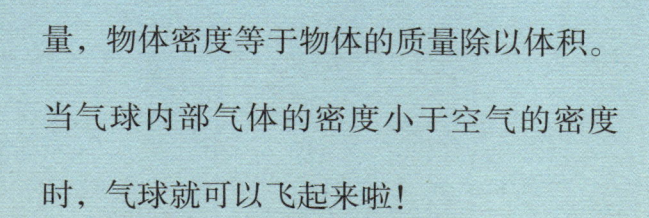

没想到吧，看不见的气体也有质量和体积呢！空气就是地球上的大气，在标准状态（0 ℃和一个标准大气压）下，空气密度是 1.29 kg/m^3，也就是在一个长度、宽度、高度都是 1 m 的正方体盒子里有

1.29 kg 的空气。一般来说，当气球内部的气体密度小于外部气体的密度时，气球就能飞起来啦！下表是标准状态下常见的气体密度（保留两位小数），让我们一起了解一下吧！

气体名称	密度（kg/m³）	气体名称	密度（kg/m³）
空气	1.29	氦气	0.18
氮气	1.25	氨气	0.77
氧气	1.43	氢气	0.09
氩气	1.78	一氧化碳	1.25
氖气	0.91	二氧化碳	1.98

在表中我们可以看出，氢气和氦气的密度是远远小于空气密度的，所以商家通常将氢气或氦气充入气球中，这样气球就能飞起来啦！你看过《飞屋环游记》吗？这部电影讲述了一位老爷爷用许多气球带着屋子和一个小男孩一起飞向瀑布的故事。假如一个人的体重是 50 kg，多少个氢气球（每个氢气球的体积大约是 0.05 m³，质量为 0.0045 kg）可以带着体重为 50 kg 的人飞向天空呢？根据浮力公式：$F_{浮}=\rho_{空气}gV_{气球}$（$F_{浮}$ 是指氢气球产生的向上漂浮的力量，$\rho_{空气}$ 指的是空气的密度，g 大约为 10 N/kg），可以计算出一个氢气球大约可以产生 0.645 N 的浮力。根据重力公式 $G=mg$ 可以算出一个质量为 50 kg 的人的重力是 500 N，一个氢气球的重力为 0.045 N。将数值代入公式，

计算得知理想情况下，至少需要 834 个氢气球才可以带着人飞向天空！即设需要 x 个氢气球，$x×0.045+500=0.645x$，$0.6x=500$，$x≈833.33$，因 x 为整数，则至少需要 834 个氢气球。

但是氢气是易燃、易爆气体，所以存在着很大的危险性，而氦气是不可燃气体，因此在气球中充入氦气更加安全。我们在外面买的气球如果充入的是氢气，一定不能让气球靠近火源，否则会有爆炸的危险！

我们用嘴巴吹的气球为什么飞不起来呢？那是因为我们呼出的气体以二氧化碳为主，二氧化碳的密度是 $1.98\ kg/m^3$，它的密度大于空气的密度。因此我们用嘴巴吹的气球是飞不起来的。那热气球能飞上天空又是什么原理呢？空气加热之后密度会发生什么变化呢？快带着这些问题去探索其中的奥秘吧！

知识链接

重力是物体由于地球的吸引而受到的一种力量，重力的单位是牛顿，用字母 N 表示。计算物体受到的重力的公式：$G=mg$，其中 G 表示重力，m 表示质量，g 的大小约为 $10\ N/kg$，质量为 $1\ kg$ 的物体受到的重力约为 $10\ N$。

竞争与合作：该不该降价

你一定玩过"石头剪刀布"的游戏吧！玩的时候，我们会观察对方的表情，研究对方的出手习惯，期待能猜透对方的想法，找到对方出手的规律，然后给对方制胜一击。当然，对方也是这么想的。其实在双方都绞尽脑汁的时候，博弈正在慢慢发生……

像这样，对游戏中获胜的策略进行数学化分析的理论叫游戏理论，也叫博弈论。其实，生活和工作中也经常需要博弈。使用博弈论不仅可以在竞争中取胜，也可以促进多方合作实现共赢。

现在学校对面有 A、B 两家文具店，因为他们卖的商品种类差不多，所以一直均分利润。突然有一天 A 商店想着该做点什么……是降价竞争，还是维持原状？这里假设 A 商店的老板和 B 商店的

老板都是理性且只为自身利益考虑的人。起初，两家店每个月的利润都是5000元，如果一家店降价会导致他的经营成本增加1000元，但可以赚取对手的全部利润；如果维持原状，两家店还是利润相等；如果两家店都降价，两家店利润相同但成本都增加，最终都只能获利4000元。为了更清晰地表示两家店决策的互相影响，我们可以用一个收益矩阵，也就是用表格数据来整理上述信息，如下表所示。（表格括号里左边是A商店每月利润，右边是B商店每月利润。）

每月利润		B商店	
		降价竞争	维持原状
A商店	降价竞争	（4000,4000）	（9000,0）
	维持原状	（0,9000）	（5000,5000）

看明白了吗？做决策前，我们必须先想想对手会做什么决策。从表格中我们发现，两家店都怕对手突然降价，赚取所有利润。维持原状是对手的最优策略，也是你的最优策略。其实，如果两家店相互信任并充分沟通，就可以一直均分较多利润。

策略选择的博弈无处不在。不一定只求竞争，还可以合作。

爸爸、妈妈准备带你去度假。去哪里呢？爸爸一直想去爬华山，但他又觉得妈妈每天操持家务很辛苦，于是决定去妈妈心心念念的海边。妈妈一直想去海边，但觉得爸爸每天挣钱养家很辛苦，于是决定满足爸爸的愿望去爬华山。假设"去对方想去的地方"收益为2，"去自己想去的地方"收益为1。收益矩阵如表所示（表格括号里左边是爸爸的收益，右边是妈妈的收益）。

收益		妈妈	
		爬华山	去海边
爸爸	爬华山	（1,2）	（1,1）
	去海边	（2,2）	（2,1）

爸爸、妈妈都愿意为了对方，放弃自己原本想去的地方，所以本次博弈没有一致的均衡策略。其实，只要爸爸妈妈都为彼此着想，去哪里都是快乐的！

博弈论的应用还有很多，比如，我们熟悉的田忌赛马；围棋比赛……小到体育竞技，大到国际外交、商业竞争等都会用到博弈论，博弈思想渗透生活的方方面面。近年来，研究博弈论的学者不断斩获诺贝尔经济学奖，从1994年诺贝尔经济学奖授予3位博弈论专家开始，共有7届的诺贝尔经济学奖与博弈论的研究有关。

知识链接

收益矩阵：以表格和数据的形式展示博弈各方在不同策略组合下的收益。

天空为何如此多变

雨过天晴时，天空是湛蓝色的；雾霾天气时，天空是淡蓝色或灰白色的；傍晚晚霞满天时，天空是火红色的；夜晚，天空则是深黑色的。天空就像一幅梦幻的彩绘作品，总能带给人们惊喜。那么，天空的颜色为何如此多变呢？

实际上，天空颜色的变化和太阳存在着紧密的联系。太阳光包含紫外线、可见光和红外线等多种电磁波。我们经常见到的彩虹就是可见光，是人眼能够感知到的一种电磁波。可见光的颜色有红、橙、黄、绿、青、蓝、紫七种。光的颜色取决于波长，可见光的波长范围如下图所示，从表格中的数据可以看出可见光的波长关系，即红光 > 橙光 > 黄光 > 绿光 > 青光 > 蓝光 > 紫光。

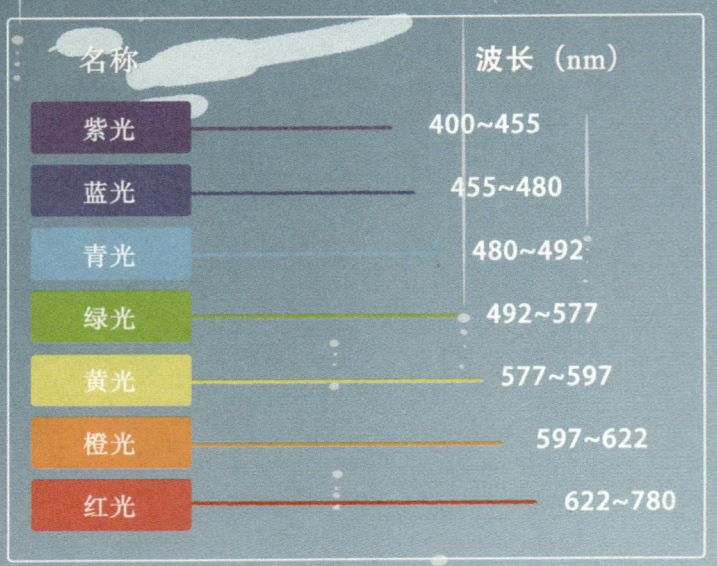

名称	波长（nm）
紫光	400~455
蓝光	455~480
青光	480~492
绿光	492~577
黄光	577~597
橙光	597~622
红光	622~780

在地球的周围围绕着一层厚厚的大气层，大气层中含有大量的气体、水蒸气和微粒。当太阳光穿过大气层时，会和大气层中的气体、水蒸气、微粒等撞到一起，然后向各个方向散去，就像台球桌上的台球碰撞到一起时，台球就会向各个方向散开一样，这就是光的散射现象。光的散射也有强弱之分，强度和光的波长有关。英国物理学家瑞利勋爵提出：光的散射强度与光波长的四次方成反比。这就是著名的瑞利散射。a 的二次方等于 $a \times a$，猜一猜 a 的四次方怎么算？比如紫光波长的四次方的范围是 $400 \times 400 \times 400 \times 400 \, nm^4 \sim 455 \times 455 \times 455 \times 455 \, nm^4$，即 $25600000000 \, nm^4 \sim 42859350625 \, nm^4$；蓝光波长的四次方的范围是

$455 \times 455 \times 455 \times 455$ nm^4 ~ $480 \times 480 \times 480 \times 480$ nm^4，即 42859350625 nm^4 ~ 53084160000 nm^4。通过计算发现，入射光波长越短，它的四次方就越小，由于光的散射强度与入射光的波长的四次方成反比，因此入射光的波长越短散射反而越强。可别小瞧了蓝、紫光，虽然它们的波长短，但却是散射"高手"呢！

这些不同颜色的光在进入地球的"马拉松"比赛中大展身手！因为蓝光和紫光的波长比较短，所以太阳光中的蓝、紫光在大气层中的散射强度较强，成功打败其他光穿过大气层。蓝光的强劲"对手"——紫光，在进入地球的过程中部分会被地球周围的臭氧层吸收，最后蓝光大获全胜，大部分成功穿过大气层，分散在天空中，所以在晴朗的日子里人们看到的天空是蓝色的。

起雾的时候，天空是白色的；有霾的时候，天空是浅蓝色的，这是因为此时空气中的水滴和尘埃增多，影响了可见光的散射。湛蓝的天空往往出现在风雨过后，所以有"雨过天青"的说法。

而清晨和傍晚时分，太阳光是斜射入大气层中的，太阳光到地球的路程更长，根据瑞利散射定律，蓝、紫光在穿过大气层的过程中，几乎全部散射掉了。相反，红、橙、黄光波长较长，便更多地穿过大气层啦！所以朝霞和晚霞的颜色就像是由红、橙、黄这三种颜色的颜料调和而成的，美轮美奂。而到了晚上，由于地球自转的原因，没有了太阳的照射，所看到的天空就是漆黑一片了。

这就是为什么天空会呈现出不同颜色的原因，我们还知道太阳系中有许多其他的星球，在这些星球上天空又是什么颜色的呢？不要停止你探索的脚步，快去寻找宇宙中的数学吧！

知识链接

纳米（nm）是长度单位，1纳米=0.000001毫米。

当粒子的尺度远远小于入射光的波长的十分之一时，在各方向上的散射光的强度与入射光的波长的四次方成反比，称为瑞利散射。

为什么大多数的树干都是圆柱形的

"驿亭三杨树，正当白下门""雨滴梧桐点点愁，冷催秋色上帘钩"。这些是形容不同种类树木的诗。地球上有千千万万的树木，有的高，有的矮，有的粗，有的细……每种树木都有它独特的风格。尽管树木千姿百态，它们却都有一个共同点——长着圆柱形的树干！这到底是为什么呢？

首先，圆柱形的树干更利于树木生长。我们从树干的横截面可以看到，树干横截面内分布着韧皮部和木质部构成的圈层，它们分别把水分和养分运输到树干各个组织。紧邻树皮的韧皮部里布满筛管，这些筛管负责将叶片生产出的糖类等有机物自上而下输送到树木各个部分；靠近树心的木质部里分布着导管，其作用是将植物根部吸收的水分和无机盐自下而上输送到树木的各个部分。

为了让自己的身体装下尽可能多的运输营养的管道，聪明的大树也做起了数学题。通过计算，它发现在周长相同的所有平面图形中，圆的面积是最大的。例如，如果周长都是 20 cm，圆的面积约为 31.85 cm²（π取 3.14），正方形面积则为 25 cm²，而长方形和三角形的面积就更小了。[圆周长 $C=\pi d=2\pi r$，$r=C\div 2\pi=20\div 2\pi=\frac{10}{\pi}$，圆面积 $S=\pi r^2=\pi\times(\frac{10}{\pi})^2=\frac{100}{\pi}$ cm² ≈ 31.85 cm²；正方形周长 $C=4a$，$a=\frac{C}{4}$，正方形面积 $S=a^2=(\frac{C}{4})^2=\frac{20^2}{16}=$ 25 cm²。] 因此，圆柱形树干中能容纳更多的导管和筛管，这样树木便能输送更多的水分和营养，树木就能茁壮成长啦。

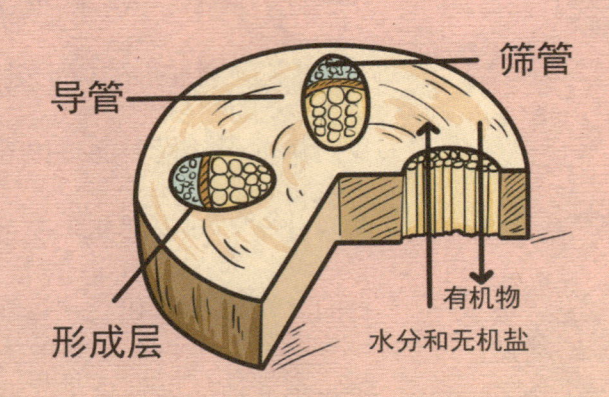

草本植物茎结构示意图

树皮
形成层
韧皮部（含筛管，疏导有机物）
木质部（含导管，疏导水和无机物）
髓

木本植物茎结构示意图

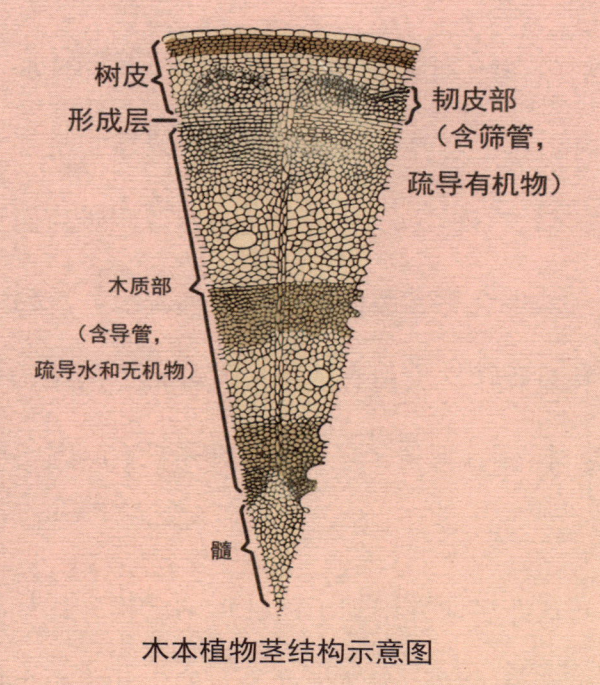

其次，圆柱形的树干具有更好的储存水分和营养的能力。众所周知，树木一年四季都长在同一个地方，一旦进入旱季，它们无法像动物那样迁徙到有水的地方。此时长着"水桶腰"的树干的优势就体现出来了，树干可以利用自己的大"肚量"来储藏更多的水分和养分，提高生存能力。为什么说圆柱形树干的"肚量"最大呢？因为规则柱体的体积公式是 $V=Sh$，即体积等于底面积 × 高。我们仍以底面周长为 20 cm 的图形为例，如果树干高度为 5 m，那么圆柱形树干的体积大约为 15925 cm^3，长方体（底面是正方形）树干体积只有 12500 cm^3，同等情况下的三棱柱的体积就更小了（圆柱体积：$V=Sh=\pi r^2 h=500\pi r^2 \approx 15925$ cm^3；长方体体积：$V=Sh=25 \times 500=12500$ cm^3）。可见，在底面周长与高度分别相同的情况下，圆柱形的体积最大。

此外，圆柱形的树干还能有效避免外来伤害。如果树干不是圆柱形，而是有棱角的长方体或三棱柱，则更容易受到如风吹雨淋或动物啃食等外来伤害。圆柱形树干就不同啦，不但小动物啃食起来比较困难，而且就算卷着尘沙杂物的狂风吹来，也会顺着圆面的切线方向掠过，对树干影响较小。所以在漫长的进化过程中，大树长成了"圆柱形"的结构来帮助自身更好地生存！除此之外，圆柱形树干还具有抗冲击性、抗干扰性、承重力佳等优势。

在我们的日常生活中，也有许多地方用到了圆柱形的结构，比如各种饮料瓶、管道、电线杆等。结合上述内容，你认为它们为什么也采用类似于树干的形状呢？

知识链接

圆的面积公式 $S=\pi r^2$，圆的周长公式 $C=2\pi r$，S 为圆的面积，C 为圆的周长，r 为圆的半径。

正方形面积公式 $S=a^2$，正方形周长公式 $C=4a$，S 为正方形面积，C 为正方形周长，a 为正方形边长。

圆柱体积公式 $V=Sh=\pi r^2 h$，V 为圆柱体积，S 为圆柱底面积，h 为圆柱高，r 为圆柱底面半径。

长方体体积公式 $V=Sh=abh$，V 为长方体体积，S 为长方体底面面积，h 为长方体的高，a 为长方体底面长，b 为长方体底面宽。

路灯，照亮我们回家的路

如果要选择一个象征人类追求进步和光明历史的符号，毫无疑问最合适的就是"火"！火的使用是人类文明进步的重要里程碑，可以说远古先民点燃的篝火就是最早的"灯"。如今，有了路灯的陪伴，极大地方便了人们在夜间出行，路灯不仅照亮了人们回家的路，也温暖着人们的心。你知道吗，在小区里安装路灯也藏着很多学问呢！

小区是居民生活的地方，无论白天还是夜晚，小区里总是人来人往。夜晚时分，你希望小区里忽明忽暗，还是明亮均衡？当然是明亮且均衡的照明更受欢迎啦！所以，在安装路灯时，首先要考虑的就是让小区的道路光线尽量均衡。这就要用到"照度"这个非常专业的指标来衡量了。它是用光通量（光源发出的光的总量）除以照射面积来计算的，例如：一个 13 W（光效是 58 lm/W）的节能灯，装在 4 m² 的卫生间里，这个卫生间的照度就可以用 58 lm/W 乘以 13 W，再除以 4 m² 来计算（列式计算：58×13÷4=188.5 lx）；188.5 lx 已经是一个较高的照度值了。一般情况下，室内照度在 100 lx 左右就够了。小区内的道路有主干道和次干道之分，主干道的平均照度为 8 lx，次干道的平均照度为 5 lx，而且同一道路上的照度均匀度为 0.35 就算均衡了。这个 0.35 是路面上最小照度与平均照度的比值，照度均匀度是衡量照明系统性能最重要的指标之一，专门用来衡量某一特定区域内照度的均匀情况。均衡的照明，能给我们营造舒适、优雅的小区环境，给人安全感，同时还能兼顾节能。

　　小区里路灯的排列与布置也很讲究，通常你可以见到五种不同的布置方式，分别是单侧布置、双侧交错布置、双侧对称布置、中心对称布置、横向悬索布置，如下图所示。考虑到傍晚时分，老人和小孩喜欢在小区里散步、玩耍，布置路灯要兼顾安全性和整齐美观性，所以工程师大多会在小区的主干道上采用路灯双侧对称布置的方式。而次干道一般分布在住宅楼之间，为了减少光污染，不影响人们休息，工程师会采用路灯单侧布置，面朝道路，背对居民楼。

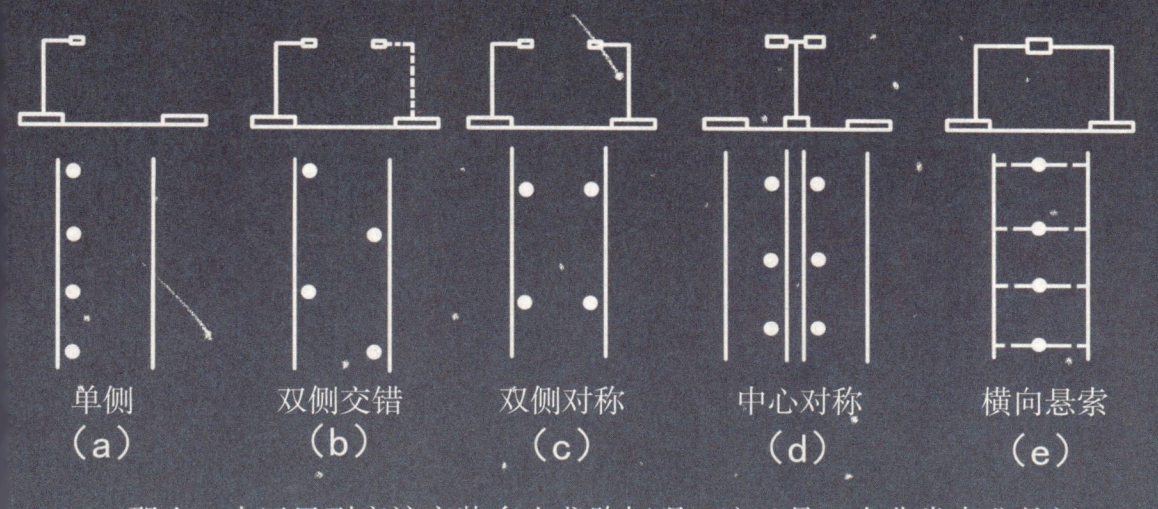

单侧
（a）

双侧交错
（b）

双侧对称
（c）

中心对称
（d）

横向悬索
（e）

那么，小区里到底该安装多少盏路灯呢？这又是一个非常专业的问题啦！工程师一般需要根据道路宽度、路面特征，还有选择的路灯种类、灯杆高度、布置方式和照度要求来设计路灯的间距，可不是"跟着感觉走"哦！现在我们来看一个简易版的算法：选择双侧交错布置和半截光型灯具，要求是路灯的高度为路宽的0.8倍，两盏路灯之间的间距为路灯高度的3.5倍。

假设下图是小区的一条道路，按照双侧交错布置，大约需要安装多少盏半截光型灯具合适呢？

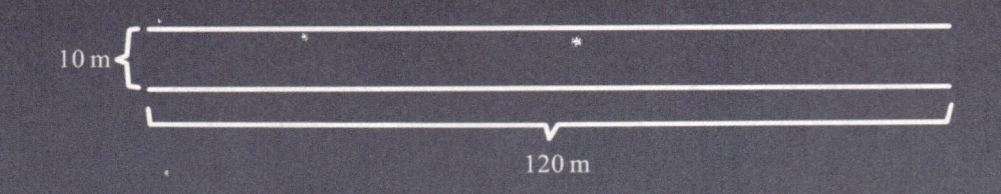

10 m

120 m

根据计算方法，其中一侧列式为：120÷(10×0.8×3.5)≈4(盏)，4+1=5(盏)；另一侧列式为：5-1=4(盏)。计算得知一共需要安装：

5+4=9（盏）灯。一侧为什么要"+1"呢？这就涉及到数学上的"植树问题"啦！具体布置如下图所示。

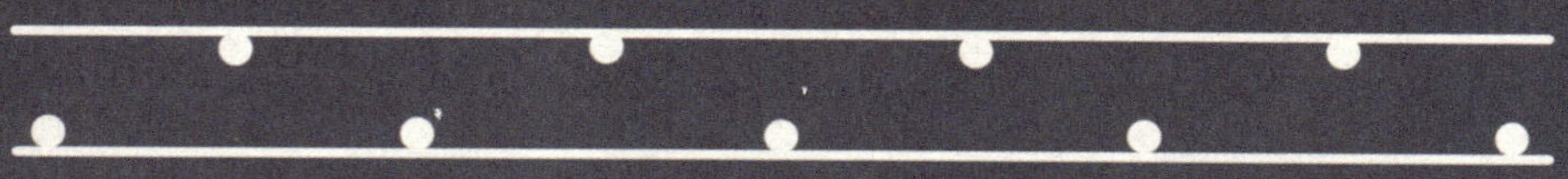

当然，路灯的安装学问远不止于此，比如灯具的选择也是大有学问的。随着我国科学技术的飞速发展，灯具更新换代速度非常快，可以说是日新月异，各种太阳能灯、感应灯、景观灯层出不穷，高强度气体放电灯也已经被广泛使用。灯具的发展历程，体现了人类对光明和舒适生活的不懈追求。

知识链接

光通量照度 $E=$ 光通量 $\div$ 面积
lx：勒克斯，照度的国际单位。被光均匀照射的物体，在 $1 m^2$ 面积上的光通量是 1 lm 时，它的照度是 1 lx。

植树问题
两端都栽树：棵数 = 总长 $\div$ 间距 +1
只栽一端树：棵数 = 总长 $\div$ 间距
两端不栽树：棵数 = 总长 $\div$ 间距 -1

交通中的绿波带，不是绿化带

"哎呀，上学要迟到了！"此时坐在车上的你肯定会默默祈祷，"希望这一路都是绿灯吧！"神奇的事情还真发生了，只见爸爸稳稳地开着车，竟然一路畅通！

难道是爸爸用魔法控制了交通信号灯？不，那是爸爸恰好行驶在绿波带中了。

什么？行驶在绿化带中？No，No，No，是绿波带，不是绿化带。

什么是绿波带？简单来说，就是有一个交通信号控制器在控制交通信号灯，交通信号控制器在几个路口构成的某一段道路上，根据每两个路口之间的距离和车流行驶的速度，利用信息技术手段提前编辑好相关的程序，对所有路口信号灯的起始时间做统一调整。当你的车辆在绿灯情况下通过某个路口后，只要你继续以稳定的车速行驶在车流中，那么在你到达下一个路口时，交通信号灯依然是绿灯。

在这样的路段内，以稳定的车速行驶在车流中，每个司机都能体验一路绿灯的感觉。每个路口的绿灯就像一道道波浪不断向前涌进，这种交通通行状态就称为"绿波带"。这个稳定的车速就是这段路上的"绿波速度"，这种交通信号控制技术被称为"绿波"控制技术。

其实要想在某一段路上形成"绿波带"，这一段路上每个路口的交通信号灯都需要在交通信号控制器的协调下，提前做好"默契配合"。当第一个路口的绿灯启动后，第二个路口的信号灯会在相应时间启动，只要车辆在这两个路口间的行驶时间和延时时间保持一致，车辆就可以顺利通过第二个信号灯。这个延时时间是根据两个路口之间的距离和车流的速度综合计算出来的。速度快了或者慢了，都不能跑出"绿波带"，只有以稳定的绿波速度行驶，才能使得车辆到达第三个、第四个……交通信号灯时恰好都是绿灯。

我们可以通过具体数据感受一下。假设有 K1~K4 这样一段路，各路口间的距离如右图所示。假设车速为 45 km/h，即 12.5 m/s。则所有车辆行经各路口所需要的时间为：

K1~K2：400÷12.5=32 s

K2~K3：400÷12.5=32 s

K3~K4：750÷12.5=60 s

单向绿波带

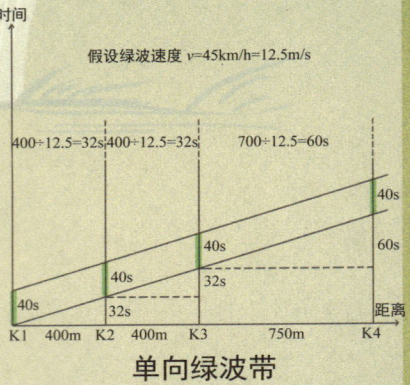

假设每个路口的绿灯持续时间是一样的，那么，只要 2 号路口的绿灯在 1 号路口绿灯亮起后的第 32 s 启动，3 号路口的绿灯在 2 号路口绿灯亮起后的第 32 s 启动，4 号路口的绿灯在 3 号路口绿灯亮起后的第 60 s 启动，车辆就可以连续通过 1、2、3、4 号路口，这样一条单向绿波带就诞生了，你便能体验一路绿灯的感觉。

有了"绿波带"技术，可以在很大程度上改善交通拥堵现象。可是，由于交通网络的复杂性，绿波带的设置远比我们前面认识的单向绿波带要复杂得多。复杂的双向绿波带又是怎么设置的呢？那可是一个非常深奥的问题。期待你在学习了更多数学知识后也一起参与设计，让大家交通出行更畅通，环境更美好。

知识链接

本文中简单的"绿波带"用到的数学公式：
$$时间 = 路程 \div 速度$$
实际上，除了有"绿波带"，也有和"绿波带"效果相反的"红波带"。

导航也能帮你一起防晒

烈日炎炎的夏季，你在室外步行或者骑行，是什么感觉呢？简直要晒化了！此时的你一定想躲进阴凉里，可你又着急赶路，怎么办？别急，导航给你指出了一条"阴凉路线"，帮助你一起躲过太阳的"烤验"。

如下图所示，是"导航"为你提供的到达某一目的地的路线图，每条路线都包含了路程、行驶时间、"阴凉百分比"，同时标注出了"林阴路段"和"楼阴路段"的具体位置。骑车或者步行的你选择"阴凉百分比"最高的那条路线，就可以防晒了！

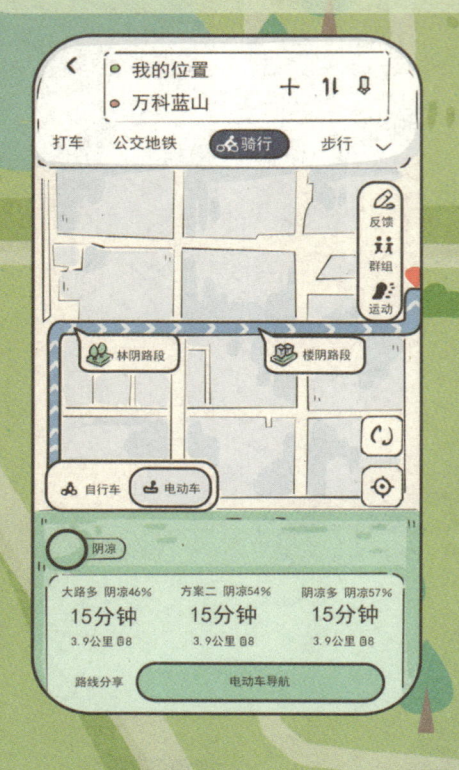

你一定很惊讶，导航是如何知道每条路线中林阴和楼阴路段情况的？这主要是靠"遥感图像识别"和"动态光影追踪计算"两种技术实现的。"遥感图像识别"技术，简单来说就是利用卫星、航空器等各种远距离传感器，对地表的物体进行分析，智能识别道路两旁的树木分布密度，再结合树木与道路的位置关系等因素，计算出动态光影状况，导航中的"林阴路段"就是这么算出来的。

"楼阴路段"是怎么确定的呢？建筑物的位置、高度、形状，道路宽度，以及不同时间段太阳的具体方位、照射角度，都会影响建筑物的影子对道路的覆盖情况。光影变化虽然复杂，但是导航用"动态光影追踪计算"技术，便能轻松"追影子"。

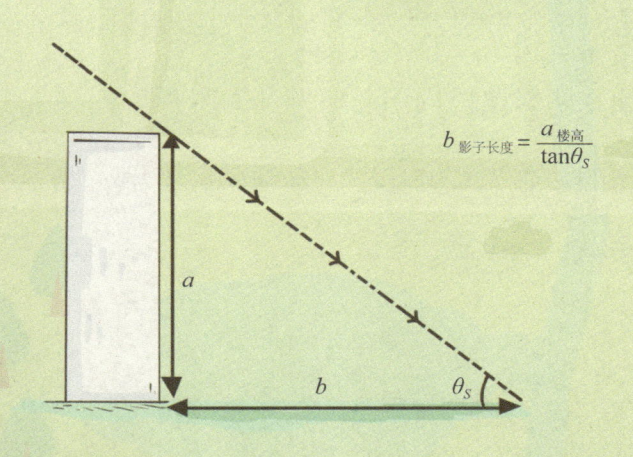

$$b_{影子长度} = \frac{a_{楼高}}{\tan\theta_S}$$

备注：
$\tan\theta_S$ 为某一时刻太阳高度角的正切函数值。

"动态光影追踪计算"技术，可以根据建筑物的"高矮胖瘦"、地理位置，太阳照射时间，阳光照射角度，计算出建筑物的实时阴影形状和面积。利用"遥感图像识别"技术，很容易获得建筑物的"高矮胖瘦"（比如长方体建筑物的长、宽、高）信息。阳光照射角度，也就是太阳与地面的相对角度，又称为太阳高度角，有相应的计算公式。计算机拥有了上述大数据，再根据公式 $b_{影子长度} = a_{楼高} \div \tan\theta_S$，便能算出影子的长度，那么影子的面积也能计算出来。

　　当你开启导航的时候，导航系统会结合当时的林阴和楼阴路段的情况，再把可以行驶在阴影路段内的总时间与总导航时间进行比较，计算出每条线路的"阴凉百分比"，这样就有了第一幅图所示的"阴凉多 阴凉57%"的提示。

其实导航除了可以提供"阴凉百分比",还会参考每个城市温度变化以及日出、日落时间,来调整防晒服务开关时间。到了晚上,它还会为你寻找哪条回家的路最亮,如下图所示。

现在,你是不是觉得导航太贴心了!大数据和人工智能的快速发展,使我们的生活更加智能化,期待在未来,也能看到年轻一代的你们为社会发展做出贡献。

知识链接

本文中计算影长的方法是计算机利用大数据直接计算,在小学阶段也可以利用正比例知识,借助实验的方法计算影长,具体方法可参考苏教版六年级下册"大树有多高"综合活动。

为什么轿车的前挡风玻璃是斜的

在轿车大"家族"里有方便出行的旅行轿车、炫酷的跑车、能跋山涉水的越野车。不管是哪个家族成员,都有一个共同的特点,就是它们的前挡风玻璃都是向后倾斜一定角度的,这是什么原因呢?

想象一下,如果把轿车的前挡风玻璃设计成和车身垂直的,会产生怎样的效果呢? 1915 年,美国福特汽车公司生产了一种外形很像大箱子,并装有门和窗的车,被人们称为"箱形汽车"。这种车方方正正的,又有点儿类似轿子,所以进入我国后被称为"轿车"。轿车的前挡风玻璃和车身近乎垂直,给人一种刻板的感觉。而现在轿车的前

挡风玻璃设计成与车身有一定倾斜角度的曲面，看起来就柔和多啦！

当然，前挡风玻璃被设计成倾斜的弧线型，并不仅是为了使轿车更加美观，主要目的是减少轿车在行驶过程中的空气阻力。如果遇到大风天气，当你在马路上行走的方向和风的方向相反时，就会有被往回推的感觉，这就是空气阻力。轿车高速行驶时，空气也会变身"大力士"，阻挡轿车前进，产生的力量就是轿车受到的空气阻力。关于轿车行驶所受到空气阻力的大小，可以用风阻系数来描述。一辆车的风阻系数是固定的，利用风阻计算公式就能计算出一辆轿车在行驶时受到的空气阻力。几种车型的轿车风阻系数如下图所示。轿车的前挡风玻璃倾斜角度越大，风阻系数就越小。请你来当小裁判，在相同环境下行驶的甲壳虫流线型车和船型车谁受到的阻力更大呢？让我们来计算一下，轿车受到的正面风阻力的公式：正面风阻力 = 风阻系数 ×（空气密度 × 车头正面投影面积 × 车速平方）÷ 2。假设甲壳虫流线型车和船型车的车头正面投影面积均为 $1.1\ m^2$，车速为 $60\ km/h$。已知空气密度为 $1.29\ kg/m^3$，那么甲壳虫流线型车所受到的正面风阻力为 $0.6 \times (1.29 \times 1.1 \times 60^2) \div 2 = 1532.52\ N$；船型车所受到的正面风阻力为 $0.45 \times (1.29 \times 1.1 \times 60^2) \div 2 = 1149.39\ N$。

由此得出船型车在行驶过程中受到的正面风的阻力更小。所以轿车的前挡风玻璃倾斜角度越大，风阻系数就越小，阻力也就越小。

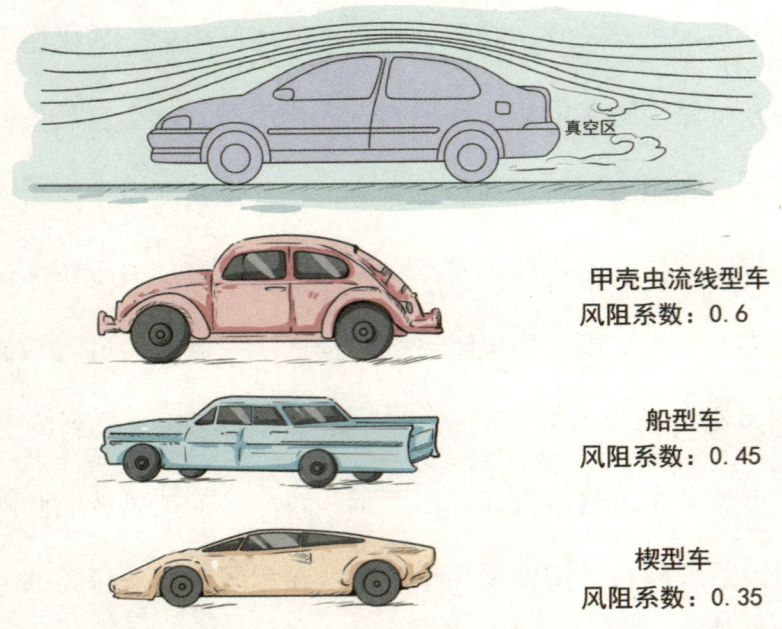

真空区

甲壳虫流线型车
风阻系数：0.6

船型车
风阻系数：0.45

楔型车
风阻系数：0.35

另外，轿车的前挡风玻璃如果和车身是垂直的，夜间行车时，会使车内灯光或者其他光源通过反射进入车内，进入驾驶员的视线范围，影响驾驶员判断，容易引发交通事故。如果前挡风玻璃设计成倾斜的弧线形，反射进入车内的光线将向上偏移，不会进入司机的视线范围内，不会影响司机的判断，更加安全。

其实并不是所有车的前挡风玻璃都是倾斜的，比如大货车。虽然大货车的前挡风玻璃和车身是接近垂直的，但是大货车司机的座位很高，看前方道路时视线倾斜向下，夜间行驶反射进入车内的光线并不会影响司机判断，作为"重量级选手"的大货车也不会受到空气阻力的太大影响。

另外，垂直的前挡风玻璃还可以给大货车的驾驶舱节约很多空间。

小玻璃大学问，数学物理齐上阵。人类在不断进步，汽车行业也在不断创新。不妨畅想一下，未来的轿车会不会有更安全、更高级的挡风玻璃，不仅方便司机观察前方道路的情况，还能智能预测危险呢？

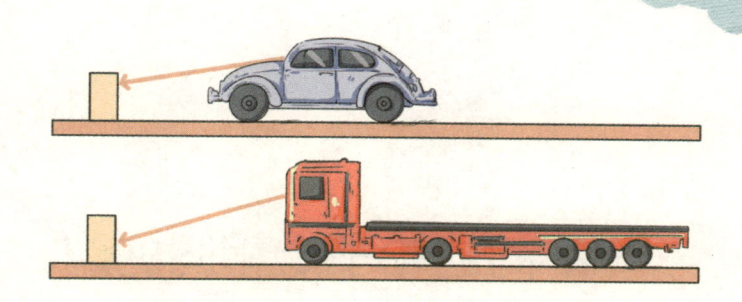

知识链接

风阻系数＝正面风阻力 ×2÷（空气密度 × 车头正面投影面积 × 车速平方）

反射是一种物理现象，其中波——通常是光波，但也可以是声波或水波——在遇到一个不同介质的界面时，返回原来的介质的现象。在光学中，反射发生在光线从一个介质（如空气）射向另一个介质的表面（如玻璃、水）时，光线的一部分会被另一介质的表面反射回来。

不同的轮子走相同的路

一天，两个大小不同的车轮在街上偶遇，它们对视了一眼后，并没有说话，而是分别唱着"你走你的阳关道，我过我的独木桥"继续前行。直到有一天，他俩被迫并驾齐驱，从此出现了一个神奇的现象，这一现象困扰了数学界几百年。接下来，我们一起走进烧脑的"车轮悖论"。

"车轮悖论"也被称为"同心圆悖论"，听到这个名字，估计你已经知道，这个神奇的现象必定和两个同心圆有关了。

你一定非常熟悉圆的周长公式：$C=2\pi R$，半径不同的两个圆，周长是不同的。所以当大小不同的两个车轮独自从同一位置出发滚动一圈后，两个车轮最终停留的位置也一定是不同的，如下图所示。

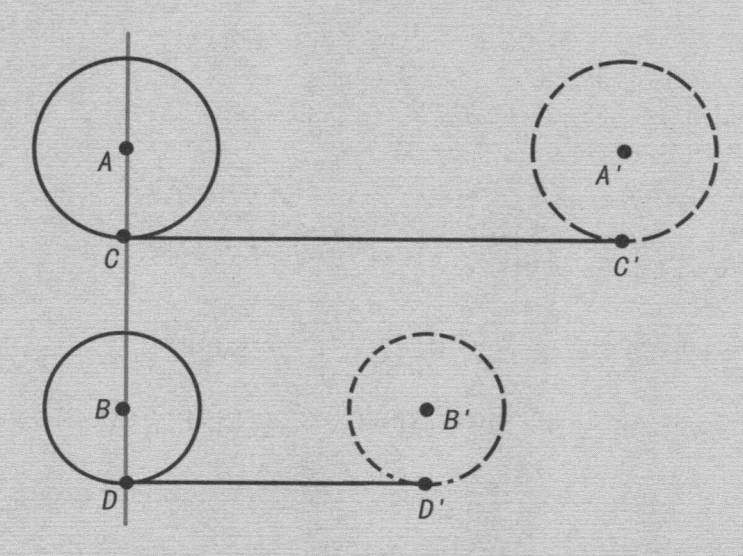

然而，当把两个直径不同的车轮套在同一个车轴上之后，神奇的事情发生了。当外圈的大车轮滚动一周时，内圈的小车轮刚好也"走"了一圈，如下图所示。

你是不是觉得有点儿不可思议？外圈的大车轮实实在在地滚动了一圈，它滚动一圈的长度即大圆的周长 $2\pi R$，就是从起点 A 到达终点 A' 的

距离 AA'，即 $AA'=2\pi R$。同时，内圈小车轮底部的点 B 结束一圈的转动后，到达点 B'，它滚动一圈的长度也应该是小圆的周长 $2\pi r$，即 $BB'=2\pi r$，点 A 和点 B 同时走到对应的点 A' 和点 B'，也就是 $AA'=BB'$，那岂不是代表 $2\pi R=2\pi r$？可是我们清楚地知道，半径不同的两个圆的周长是不可能相同的，这不是自相矛盾吗？

两个半径不同的车轮，周长不同，却走了相同的路程。这就是亚里士多德在他的《论机械》一书中描述的"车轮悖论"现象。问题到底出在哪儿呢？这个矛盾的现象一直困扰了人们多年，直到科学家把研究方向转移到了两个车轮的运动方式上，人们才对这个悖论有了新的理解。

难道小车轮在运动的过程中夹杂着其他不为人知的运动？1638 年，伽利略想到，把两个圆简化为两个同心的正多边形，并给正多边形涂上不同的颜色，然后让它们在双层轨道上滚动，滚动一圈后伽利略发现外圈正多边形滚动轨迹是连续的，而内圈正多边形滚动轨迹是断断续续的。

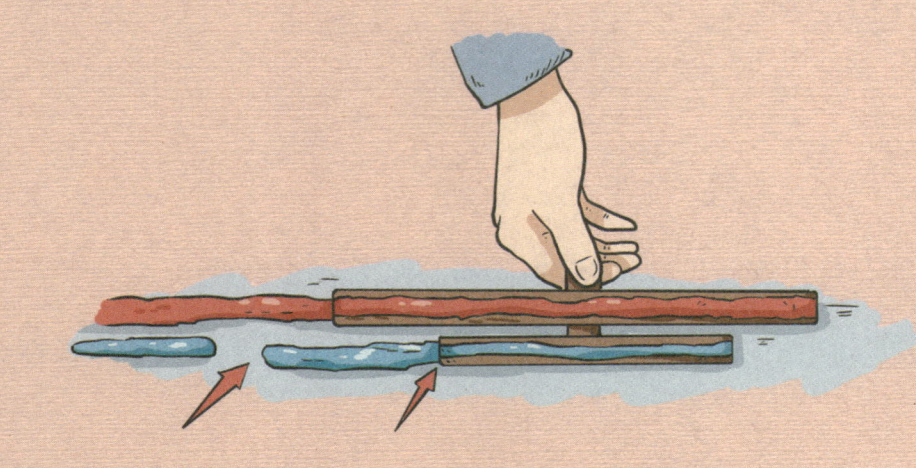

随着正多边形的边数不断增加，其形状越来越接近于圆形。但无论怎样滚动，总会发现内圈小车轮的滚动轨迹是断断续续的。由此他推断大车轮是实实在在地沿着地面滚动了一圈，而小车轮完全是依附着大车轮被拖着走的，小车轮在滚动的同时还在偷偷地进行"滑动"。

后来人们通过对车轮上的点进行物理学分析，如下图所示，发现在两个车轮滚动的过程中，只有大车轮与地面接触的点瞬间速度为零，其余的点都是有速度的。也就是说大车轮上的点是连续滚动的，而小车轮上的点除了滚动，还在被大车轮拖着走，整个过程是"连滚带爬"的。如果你曾经体验过和爸爸一起玩"两人三足"游戏，在游戏过程中，你会发现，爸爸步子比较大，你的步子比较小，爸爸的一步顶你的三步，跑得比较快的爸爸会拉着你边走边滑地向前冲刺，那大概也是小车轮的真实体验。

关于小车轮"滑动"的假想，我们也可以通过极端情况来思考，假如把轴心位置看成一个小车轮，它是没有半径的，周长应该是0，可是它依然走了和大圆相同的路程，这也能说明轴心是被迫滑动的，只是此种情况下的小车轮是一点都没有滚动，完全在"滑动"，如下图所示。

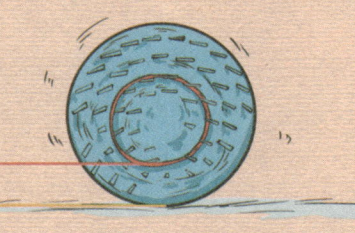

只有与地面接触的点瞬时速度为零

经历了漫长的研究,"两个同心圆在滚动过程中,大圆滚动一圈,小圆在滚动的同时发生滑动"这一结论,终于被世人所承认。在亚里士多德提出"车轮悖论"后的几百年内,科学家一直没有任何研究上的进展。后来伽利略等人通过一次次的假设、验证、否定、再验证,推动了对事实和真相的认识,也推动了数学的发展。现在我们还可以用其他方法来解释和证明"车轮悖论"现象,但那只不过是我们站在巨人的肩膀上再思考而已。所有"悖论"的产生,都是因为认知的局限性,利用科学的、严谨的态度去思考问题,才能避免陷入"悖论"的怪圈。

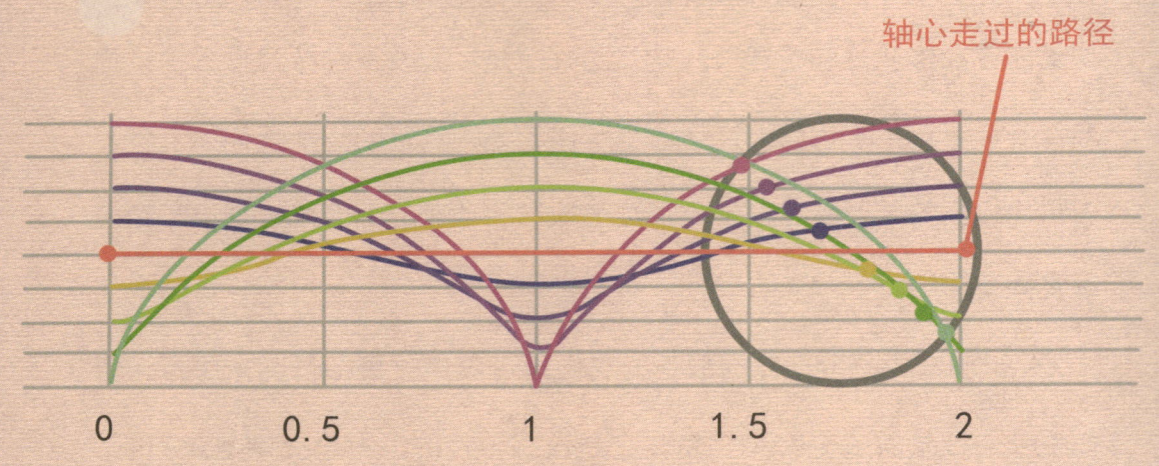

轴心走过的路径

知识链接

化曲为直思想:圆上一点从起点到终点延伸展开的长度即为圆的周长。

圆的周长公式:$C=\pi d$,$C=2\pi r$,C 为圆的周长,d 为圆的直径,r 为圆的半径。

位移:用来表示物体(质点)位置变化的物理量,初始位置到最终位置的有向线段。

圆心可以看成一个半径为 0 的特殊的圆。

请注意右转大货车

"弯弯的月儿小小的船,小小的船儿两头尖,我在小小的船里坐,只看见闪闪的星星蓝蓝的天。"提起月亮,我们常常会联想到许多美好的事物。但是今天要带你们认识的这轮弯月,既不挂在天上,也不美好,它有一个非常惊悚的名字叫作"死亡弯月"。

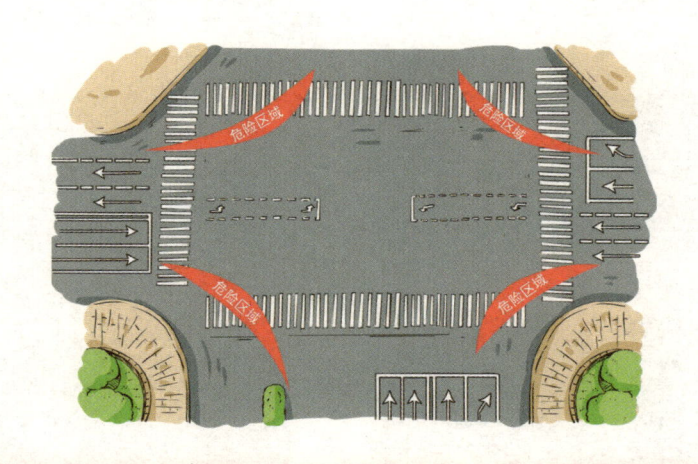

危险! 如上图所示形似弯月的红色区域就是"死亡弯月",一般位于大型路口的右转拐弯处。交通运输部门结合各个路口的具体情况标画的交通警示区域,被称为"右转危险区"。为什么要设置这样的警示区域呢?

众所周知，大货车司机有许多视觉盲区，如下图所示，右后方视觉盲区和右转弯盲区是大货车司机右侧的两大盲区。如果有人或非机动车不小心进入了大货车司机的右后方视觉盲区，大货车司机很难看到他们，而此时大货车一旦右转弯，危险随时会发生。

下面请你做个选择，你觉得大货车右转时的运动轨迹是下面哪幅图的样子？

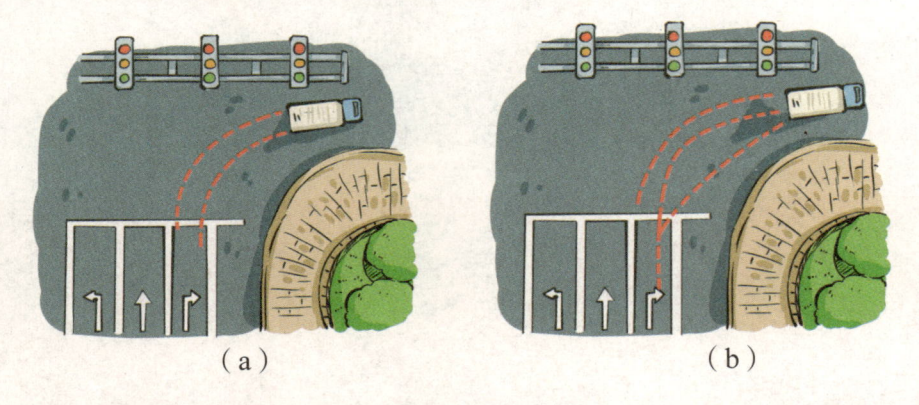

（a） （b）

你一定认为大货车右转时运动轨迹是图（a）这种形似圆环的样子吧？但实际上，它的运动轨迹是图（b）的样子。

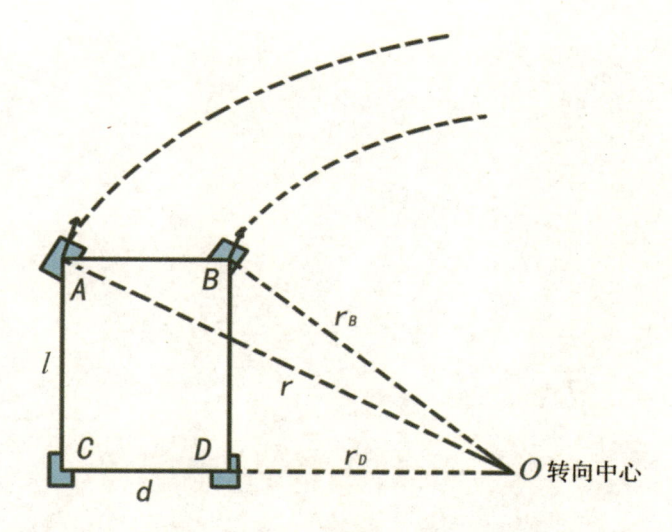

如上图所示是货车右转弯时车轮的实际状态。从图中可以看出，货车右转弯时，四个车轮会紧紧围绕一个转向中心 O 旋转，并且右后轮并不会乖乖地走右前轮走过的路线，而是离转向中心 O 更近一些，导致右侧前轮转弯半径（r_B）和右侧后轮转弯半径（r_D）之间有一定的差值。又由于车辆向右转向时右侧的车轮为内轮，所以这个差值被称为内轮差（$\Delta R = r_B - r_D$）。

在汽车转弯的过程中，内前轮和内后轮会分别走出两条弧线，这两条弧线就围出了一大片危险区域，这个危险区域就是"右转危险区"。由于这片危险区域是由内轮差导致的，所以这片红色的危险区域又有了第二个名字"内轮差盲区"，如下图所示。

右后轮轨迹

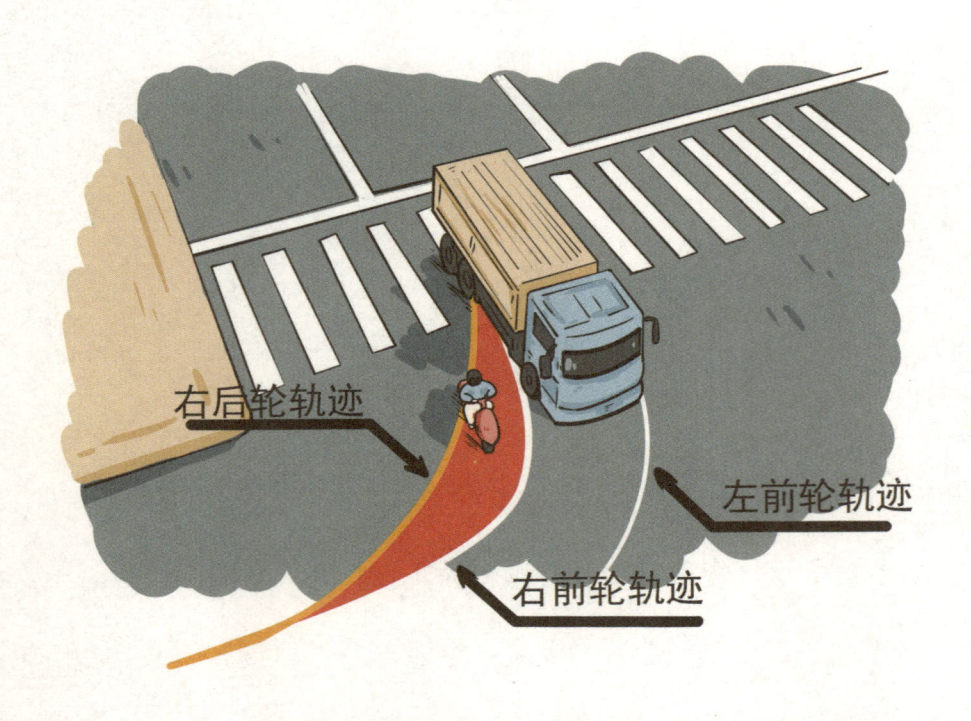

左前轮轨迹

右前轮轨迹

每辆车右转时的内轮差盲区的面积大小和它自身的内轮差大小有着非常紧密的联系。然而，即使是同一辆车，内轮差也不是一个固定值。为什么这么说呢？假设汽车轮距（左右轮之间的距离）CD 为 d，轴距（前后轮之间的距离）AC 为 l，内前轮转弯半径为 r_B，内后轮转弯半径为 r_D，则内轮差 ΔR 的计算公式为：

$$\Delta R = r_B - r_D = \sqrt{(\sqrt{r^2-l^2}-d)^2+l^2} - \sqrt{r^2-l^2} + d$$

（这里会用到直角三角形的勾股定理，在初中会遇到）

观察公式可知，内轮差主要受轴距 l、轮距 d、转弯半径 r 的影响。对于同一辆车来说，即使轴距 l、轮距 d 保持不变，但是转弯半径会随着转弯方向不同而发生变化。当方向盘向右打到极限位置（即通常所说的把方向盘打死）时，车轮转弯的角度最大，外侧前轮距离转向中心的距离为最小转弯半径 r，此时内轮差最大。对于不同车辆，车身越长，转弯角度越大，产生的盲区越大，越容易发生危险。在相同轮距情况下，内轮差随着转弯半径的减小而逐渐增大，也就是说急转弯时更危险。

通过复杂的数学计算可知，大型车车身越长，右转盲区的面积越大。所以大型车右转时，任何处于"死亡弯月"区域范围内的行人或非机动车辆都是极其危险的，一旦被卷入车底，后果不堪设想，而这一切，司机可能全然不知。如果你乐观地以为司机会礼让你，那你可就大错特错了。了解这些知识后，我们就能意识到站在右转大货车旁边的危险性了。今后请一定要远离"右转危险区"。谨记：**货车右转盲区大，你我都要远离它。**

知识链接

勾股定理：直角三角形的两直角边的平方和等于斜边的平方。

取件码的奥秘

"您的包裹已到快递驿站，取件码2-4-5996，更多服务……"这样的信息相信你一定收到过。如今，便捷的网络购物已经成为人们生活中的一部分。客户在互联网上购买商品后，商家会将商品打包好，由物流公司送到各个网点，随后客户就会收到一条类似这样的取件码信息。如何能顺利地取到自己的快递呢？其奥秘都藏在这小小的取件码之中！

取件码就是每个快递包裹的取件密码，就像我们的身份证号码一样，每个快递上的取件码都是唯一的。而常见的取件码一般有六位数、八位数两种。

首先，我们来看六位数的取件码。以"2-4-5966"这个取件码为例，其中"2"表示在第二个货架，"4"表示在货架的第四层，而最后的"5966"则是快递单号的后四位，它的编码方式如下图所示。

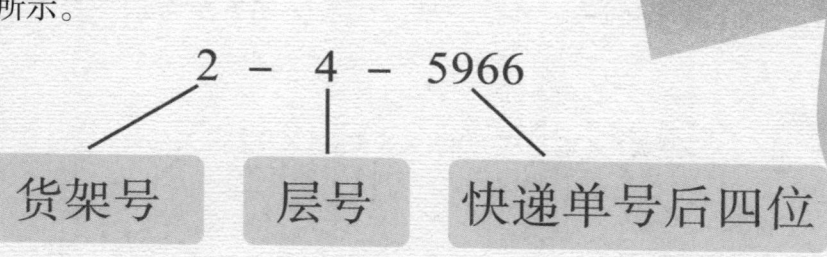

2 - 4 - 5966

货架号　　层号　　快递单号后四位

这样一来，你只要找到快递驿站中的2号货架，按照从下到上（或从上到下）的顺序数到第4层，然后在第4层中找到写着"5966"号码的快递就可以了。其实，其中的"2-4"是位置代码，也是"数对"在生活中的应用。

相对于六位数的取件码，八位数的取件码更加安全。这是因为八位数的取件码的组合数远多于六位数的组合数，八位数共计有1亿多种组合，破解难度自然也就大大增加了。八位数的取件码一般会应用在快递柜上，当快递员将快递存入快递柜时，就会随机生成一个八位数的取件码，并以短信的形式发送到收件人的手机上，而收件人凭借取件码，就可以取到自己的快递。

使用取件码取件非常简单，只需要在快递柜上输入取件码即可取件。而像取件码这样的数字编码，在我们的生活中还有许多，比如银行卡号码。银行卡号码一般有16位或者19位数字两种，并由三部分构成，如下图所示。

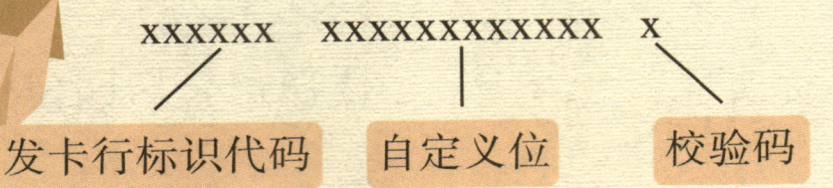

xxxxxx　xxxxxxxxxxxx　x

发卡行标识代码　自定义位　校验码

又如车辆的VIN码（车辆识别代码），它是由17个字符组成的。世界范围内制造的所有车辆的车辆识别代码都具有唯一性。再如二维码，常见的二维码类型为QR Code，QR全称为Quick Response，是一种编码方式。它比传统的Bar Code条形码能存储更多的信息，也能表示更多的数据类型。

知识链接

数对：表示二维空间中位置的一种方式，通常称为坐标对，前一个数字表示列，后一个数字表示行，比如(2，5)表示在第二列第五行的位置。

给我一张纸，带你去火星

一张普通的纸，在一双巧手的"指挥"下，能折出形态多样的动物和花草。今天我们不折复杂的物品，只把一张纸简单地对折再对折，最多能对折多少次呢？拿出不同种类的纸试试吧！

结果让人意外！一张卡纸居然只能对折4~5次！换一张普通的A4纸再试试，对折6次后，纸张已折成一团，不能再对折了。当然，不甘心的你可以再拿一张更大更软的报纸尝试对折，对折次数也不会超过9次。事实上，还真有人对纸张对折的极限次数发起过挑战。2011年，美国得克萨斯州圣马克中学的师生，历时4个多小时，将一张长达1.3万英尺（约4千米）的厕纸成功对折了13次，获得了折纸挑战的吉尼斯世界纪录！

怎么会这样？折纸这样简单的事，吉尼斯世界纪录才只能对折13次！在对折的过程中，我们逐渐发现了其中的奥秘。随着对折次数增加，纸的面积一次次减半，而纸的厚度却在以指数形式增长，很快对折后的纸就变得极小又极高。

对折次数	对折后的厚度（cm）
0	0.01
1	0.02
2	0.04
3	0.08
4	0.16
5	0.32
6	0.64
7	1.28
8	2.56
9	5.12
10	10.24
11	20.48
12	40.96
13	81.92
⋮	⋮

摆脱现实中纸张大小的"束缚"，我们继续思考：假设有一张可以无限次对折的纸，纸的厚度是 0.01 cm，猜猜经过对折后，它能变成多高？拿出纸笔算一算吧！

从表格中，我们发现，这张纸的厚度是 0.01 cm，对折后的厚度 = 对折前的厚度 ×2，照这样折下去，对折 14 次后，纸的高度是 163.84 cm，已经和一位成年女性的身高差不多了。

继续对折，当对折 23 次后，纸的高度可达 83886.08 cm，约 839 m，比目前中国第一高塔——广州塔（600 m）还要高！

接着对折，对折 26 次后，纸的高度可达 671088.64 cm，约 6711 m，比喜马拉雅山脉的平均海拔（6000 m）还要高。

对折 49 次以后，纸的高度可达 5629499534213.12 cm，约 56294995 km，比火星与地球的理论最近距离（约 55000000 km）还要长！

也就是说，如果人类制造出了韧性以及承重能力足够强，且能被对折 49 次的纸时，人类就有机会通过"纸梯"登上火星啦！

刚才我们借助一张无限对折的纸，展开了登陆火星的想象之旅。让人难以置信的是，0.01cm 厚的纸经过 49 次对折，居然能超过火星与地球之间的理论最短距离。

指数增长在生活中也有广泛的应用，如银行的复利计算。假如你存 1000 元到银行，年利率是 5%，以后每年连本带利转存到下一年，年复一年，20 年后存款将超过 2600 元，比本金的 2 倍还多！

知识链接

1 米 =100 厘米，1000 米 =1 千米
10000 千米 =1 万千米
本金：存入银行或贷给他人以产生利息的钱。
年利率：一年的存款利率。

玩到地老天荒的汉诺塔

电影《猩球崛起》中有这样一幕，人类为了测试某只猩猩的智商，让它按规则玩汉诺塔。3根木棍和几个圆盘组成的汉诺塔到底有什么奥秘？居然可以用来测智商！让我们一探究竟吧！

汉诺塔 (Tower of Hanoi)，又名河内塔，是一款益智玩具，出自法国数学家爱德华·卢卡斯曾编写过的一个古老传说。在印度北部有一座庙，庙里的一块黄铜板上插着三根宝石针，其中一根针从下到上穿好了由大到小的64个金盘子，这就是汉诺塔的原型。僧侣一刻不停地移动这些金盘子，但每次只能移动一个，而且不管在哪根针上小盘子必须在大盘子上面。传说当所有的金盘子从第一根针移到第三根针时，世界就将毁灭。

是不是吓了一跳？移动完64个金盘子，世界真的会毁灭吗？冷静一下，我们不妨从数学的角度来分析一下。

下图就是汉诺塔的玩具模型，它由3根柱子（A柱、B柱、C柱）和若干大小不同的圆盘组成。汉诺塔游戏的规则：每次只移动一个盘子，大盘子不压小盘子。

复杂的问题，可以从简单的数据开始研究，先从3个圆盘开始研究吧！我们按圆盘从小到大的顺序依次给圆盘标上序号1、2、3。如下图所示，不妨先把3个圆盘分成两部分，1号、2号圆盘看作一部分，3号圆盘看作一部分。逆向思考：要想把 3 个圆盘都移动到 C 柱，1 号、2 号圆盘必须先让位到 B 柱，然后 3 号圆盘占位 C 柱，1 号、2 号圆盘再上位到 C 柱。完成移动至少需移动 7 次。

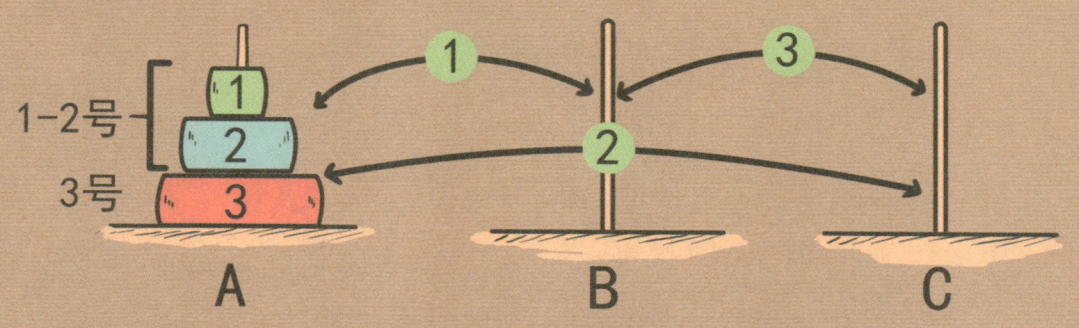

继续增加难度，如果 A 柱上放着 4 个圆盘，我们仍然可以利用刚才的经验，把 1 号、2 号、3 号圆盘看作一部分，4 号圆盘看作一部分，逆向思考。还是分三大步骤：让位、占位、上位完成移动至少需移动 15 次。

圆盘个数	移动方法	最少完成次数
1 个	1 号圆盘占位	1 次
2 个	1 号圆盘让位，2 号圆盘占位，1 号圆盘上位	1+1+1=3 次
3 个	1 号、2 号圆盘让位，3 号圆盘占位， 1 号、2 号圆盘上位	3+1+3=7 次
4 个	1 号、2 号、3 号圆盘让位，4 号圆盘占位， 1 号、2 号、3 号圆盘上位	7+1+7=15 次
⋮	⋮	⋮
n 个	1 号、2 号、⋯、$n-1$ 号圆盘让位，n 号圆盘占位， 1 号、2 号、⋯、$n-1$ 号圆盘上位	

5 个、6 个⋯⋯64 个圆盘的移动方法相同，相信掌握了化繁为简和逆向思考的你，一定能解决前面传说中的 64 个圆盘移动的问题。

数据太大，我们把计算过程交给计算机。移动完成 64 个圆盘至少需要移动 18446744073709551615 次。假设移动 1 次用时 1 秒，一年按 365 天算，那么移动完 64 个圆盘至少需要 5849 亿年，比预估太阳的寿命还要长！

在玩汉诺塔的过程中，我们发现，n 个圆盘的移动问题，可以利用 $n-1$ 个圆盘的移动方法来解决；$n-1$ 个圆盘的移动问题，可以用 $n-2$ 个圆盘的移动方法来解决。这种方法也是计算机程序设计中常用的经典算法——递归算法。

Scratch、Python 等编程软件，可以轻松算出最少移动次数。是不是很心动？心动不如行动，赶快应用起来吧！

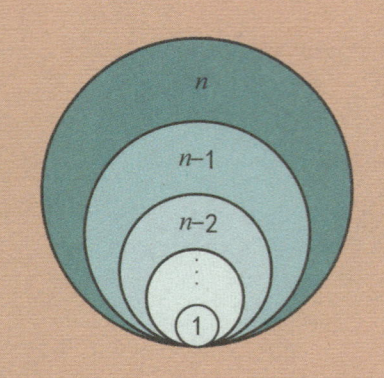

知识链接

1 天 =86400 秒

递归算法：算法本身可以直接或者间接地调用自己，将一个较为复杂的问题分解为规模较小的子问题，算法在执行过程中重复不断地实现自我调用的过程。

剪三角形，你可能比不过古人

节日到了，同学们正在制作三角形彩旗装扮教室呢！在一张长 20 cm、宽 5 cm 的长方形彩纸上，最多能剪出几个直角边分别是 3 cm 和 4 cm 的三角形呢？拿出纸来试一试吧！

同学们最容易想到的是沿长方形的长，每 4 cm 剪一个直角三角形。还有同学想到沿长方形的长，每 3 cm 剪一个直角三角形。如下图所示，它们浪费的面积稍有不同。

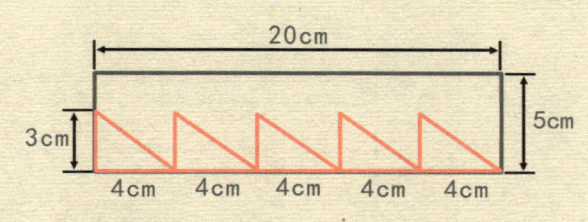

$20 \div 4 = 5$（个）

浪费的面积：$20 \times 5 - 3 \times 4 \div 2 \times 5 = 70$（$cm^2$）

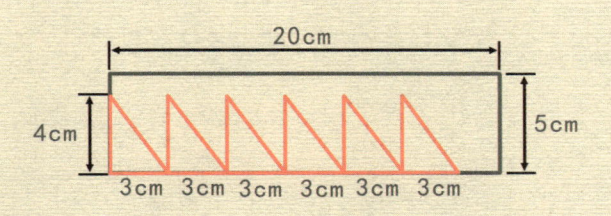

$20 \div 3 = 6$（个）……2（cm）

浪费的面积：$20 \times 5 - 3 \times 4 \div 2 \times 6 = 64$（$cm^2$）

因为两个相同的直角三角形可以拼成一个长方形，沿长方形的长，每 4 cm 剪一个长方形，再沿长方形的对角线剪开，即得到 10 个直角三角形。这样剪，能减少面积的浪费。

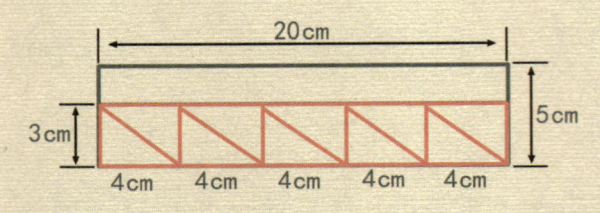

$20 \div 4 = 5$（个），$5 \times 2 = 10$（个）

浪费的面积：$20 \times 5 - 3 \times 4 \div 2 \times 10 = 40$（$cm^2$）

还有同学想到，沿长方形的长每 3 cm 剪一个长方形，再沿长方形的对角线剪开，即得到 12 个直角三角形。

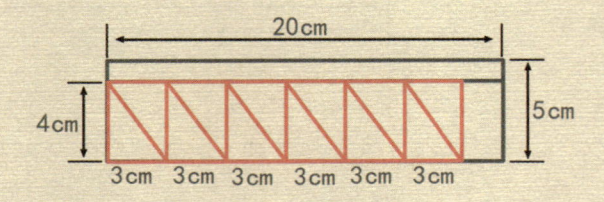

$20 \div 3 = 6$（个）……2（cm），$6 \times 2 = 12$（个）

浪费的面积：$20 \times 5 - 3 \times 4 \div 2 \times 12 = 28$（$cm^2$）

有没有更省纸的剪法呢？还真有！我们可以如下图所示把 4 个相同的直角三角形拼成一个空心大正方形，4 个空心大正方形四周正好占满整个长方形纸，只浪费了中间 4 个小正方形的面积。

4×4=16（个）

浪费的面积：20×5-3×4÷2×16=4（cm²）

上面用4个直角三角形拼出的图形就是大名鼎鼎、凝结了古人超凡智慧的"赵爽弦图"！赵爽在为《周髀算经》作序时，画了如下图所示的弦图。弦图中心对称，内部由4个完全相同的直角三角形围成，其中直角长边和短边垂直，中间形成一个小正方形，直角三角形的4条斜边围成了一个大正方形。其实，"赵爽弦图"的创意拼法，除了用于三角形的拼接，另一个更重要的用处就是用来证明勾股定理。"勾股各自乘，并之为弦实，开

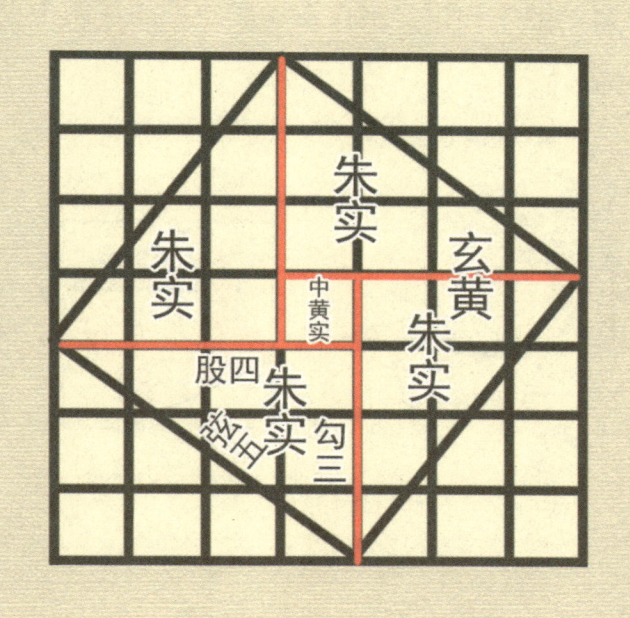

方除之，即弦。"举个例子，直角三角形的三条边分别是3，4和5，根据勾股定理得知 $3^2+4^2=5^2$。赵爽这种面积移补的证明方法，被美国数学家、哈佛大学教授库利奇称为"最省力的证明"。弦图之美，美在简约，美在深厚，因此它被誉为"中国古代数学的图腾"。2002年世界数学大会的会徽就是根据它设计的。

"赵爽弦图"蕴含着丰富的数学知识，不仅在勾股定理的证明中大放异彩，还有丰富的变化形式，吸引着无数数学爱好者不尽地探索。

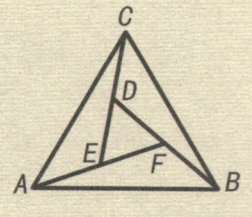

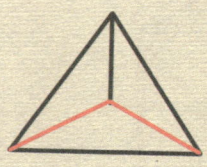

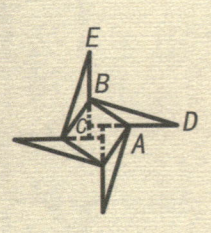

知识链接

长方形面积 = 长 × 宽

三角形面积 = 底 × 高 ÷ 2

手机拍屏幕，为什么忽闪忽闪的

信息时代，无论是在工作、学习还是娱乐方面，电子产品的便携性、多功能性、操作简单性和交流便利性，都能让我们的生活更便捷。有时为了更高效地工作或学习，还需要同时使用手机和计算机。

想象这样一个场景，你在用计算机上网课，老师讲到一个重点，来不及记笔记的你，马上拿出手机拍下屏幕上的内容。但是拍下后你会发现，照片上不是横、竖条纹就是水波纹，文字模糊不清。这是怎么回事呢？为什么用手机拍摄计算机屏幕会出现这样的条纹呢？

这种条纹是莫尔条纹。莫尔条纹是两个频率或周期接近的图像以一定的角度叠加在一起，发生干涉，产生明暗相间的条纹的一种现象。它是18世纪法国人莫尔首先发现的一种光学现象。当用手机拍摄计算机屏幕时，手机画面中跳动的黑色条纹，其实就是莫尔条纹的一种。

举个简单的例子你就清楚啦！在家里找两把梳子，把它们重叠在一起。只要稍稍移动其中一把梳子，让两把梳子的齿错开，就会有明暗相间的条纹出现。

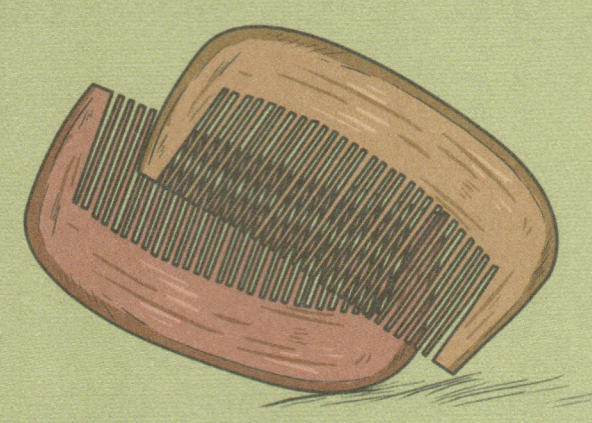

除此之外，还可以用我们学过的数学知识来解释。比如，在两张干净的透明纸上分别画一排竖线，上面这张纸每隔 1 mm 画一条线，下面这张纸每隔 1.1 mm 画一条线，借助 1 mm=100 cmm（cmm，忽米，是比毫米更小的长度单位），我们把上面竖线的间隔和下面竖线的间隔都换算成以忽米为单位的整数。1 mm=100 cmm，1.1 mm=110 cmm，两个间隔的最小公倍数就是 [100，110]=1100，1100 cmm=11 mm。所以，很容易算出，两组竖线每隔 11 mm 就会重叠一次。将两张纸重叠在一起就会发现，竖线重叠位置附近，露出的间隙较大，显得亮一些；竖线不重叠的位置附近，露出的间隙较小，显得暗一些。

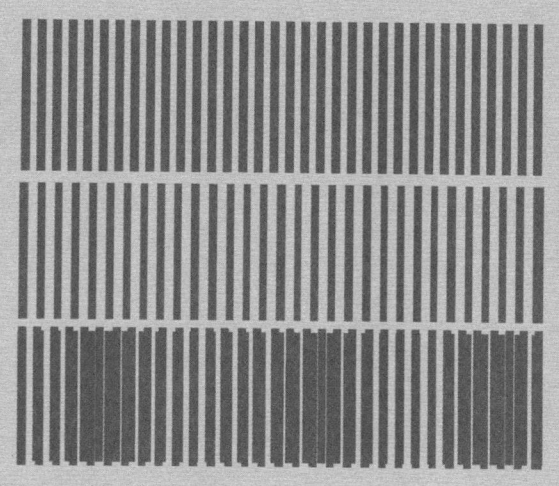

当两组竖线呈一定夹角叠在一起时，形成的莫尔条纹就更复杂了。计算机屏幕上像素网格相当于第一层线条网，手机摄像头里的传感器阵列相当于第二层线条网，手机显示屏相当于第三层线条网，三者相互干涉形成了更复杂的有透视叠加效果的莫尔条纹。

那怎样消除或减少莫尔条纹呢？从上面的分析可以知道，减少干涉产生的条件就可以了。所以当你拍摄时，可以调整手机与计算机屏幕的角度。当然，也可以调整手机和计算机屏幕之间的距离，

或者直接录屏，避免线条网叠加，这样照片就清晰了！

　　莫尔条纹在生活中也很常见。太阳光是多种颜色的复合光，当光线照到条纹衬衫、纱窗上时，也可能产生彩色的莫尔条纹。

　　虽然莫尔条纹会使我们拍的照片模糊不清，但它的用处也大着呢！钞票上微缩印刷的全部图案，在扫描、复制时很容易形成莫尔条纹，这样就增大了制造假钞的难度。在一些艺术作品中，利用莫尔条纹的原理，可以轻松实现虚拟动态的效果。动态画就是利用莫尔条纹制造出的一种会让人产生错觉的画，当移动或旋转叠加的线条网时，观察者就会觉得画面中的物体在变化和移动，静态的画面就动起来啦！

　　爱因斯坦说："提出问题往往比解决问题更重要。"我们通过观察手机拍计算机屏幕出现条纹或水波纹现象提出问题，了解了莫尔条纹这一奇特的光学现象！在生活中，当你遇到奇怪或者感到疑惑的现象，多问一个"为什么"，就能发现更多科学奥秘！

知识链接

1 毫米 = 100 悉米

连续的两个数的最小公倍数 = 两个数相乘的积